D1234181

Las migraciones
contemporáneas

Materiales / Ciencias Sociales

El libro universitario

Cristina Blanco

Las migraciones contemporáneas

Alianza Editorial

© Cristina Blanco, 2000

© Alianza Editorial, S.A., Madrid, 2000

Calle Juan Ignacio Luca de Tena, 15; 28027 Madrid; teléf. 91 393 88 88

ISBN: 84-206-5755-7

Depósito legal: M. 6.918-2000

Fotocomposición e impresión: EFCA, S. A.

Parque Industrial «Las Monjas»

28850 Torrejón de Ardoz (Madrid)

Printed in Spain

Índice

Índice de figuras

Introducción

Los grandes movimientos de población a través del espacio geográfico han sido una constante en la historia de la humanidad. Sin embargo las causas de los desplazamientos, así como sus características y consecuencias, han sido muy variadas a lo largo de la historia, generando cada época sus propios tipos migratorios. En este sentido cabe decir que la seña de identidad de las actuales migraciones es su carácter global, afectando cada vez a mayor número de países y regiones y adquiriendo crecientes niveles de complejidad en sus causas y consecuencias. La universalización de las migraciones debe ser entendida no sólo como el incremento de sujetos móviles, o de la creciente incorporación de más países a las redes migratorias, sino también como diversificación de los tipos migratorios (motivaciones, características de los migrantes y temporalidad de los desplazamientos).

En nuestro mundo contemporáneo, caracterizado por crecientes procesos de globalización, los movimientos migratorios, con todas las implicaciones sociales que conllevan, se han convertido en un área de investigación y reflexión de primer orden para los diversos ámbitos de las ciencias sociales: historia, antropología, economía, geografía humana, sociología, etc. La creciente relevancia social de las migraciones humanas, derivada de su universalización y de la multidimensionalidad de sus consecuencias, justifican sobradamente el interés que está recibiendo como ámbito de estudio durante el último siglo; un interés que aumenta con el paso de los años. Sin mencionar la atención que viene mereciendo este fenómeno desde la primera mitad del siglo en países como Estados Unidos, Canadá o Australia, en el propio contexto europeo el análisis de las migraciones ha experimentado en las últimas décadas un aumento verdaderamente considerable. Más tardíamente (desde hace aproximadamente una década) en España se ha producido una verdadera «explosión» de estudios sobre el fenómeno migratorio internacional, así como sobre problemas íntimamente relacionados con el mismo: multiculturalismo, racismo, xenofobia, extranjería, alteridad, ciudadanía, exclusión social, asilo y refugio..., por no hablar de los tradicionales análisis sobre migraciones internas españolas que vienen sucediéndose sobre todo desde los años cincuenta. Fruto de este creciente interés de los científicos sociales españoles por el fenómeno de las migraciones es la fundación de diversos institutos y centros de investigación especializados en este ámbito de las relaciones sociales. El dinamismo académico que se está produciendo en torno al fenómeno migratorio no ha tenido precedentes en la historia de España, y tiende a consolidar firmemente el estudio sobre las migraciones en nuestro país. La obra que aquí presentamos se inscribe en este contexto de creciente interés por las migraciones humanas y responde a una necesidad que creemos existe en nuestro ámbito más cercano: la presentación de una panorámica general del fenómeno migratorio en las sociedades contemporáneas en la que ubicar concretamente la situación de España en el complejo panorama de redes migratorias internacionales, acentuando su papel como centro receptor de inmigrantes.

Asumiendo su carácter introductorio y genérico, pero a la vez práctico, el libro queda estructurado en torno a cinco capítulos teóricos y un anexo bibliográfico siguiendo una línea expositiva que parte de lo más genérico y global hasta lo más concreto y particular.

El primer capítulo está dedicado a la presentación de las migraciones humanas como fenómeno social. Si en cualquier ámbito del saber es esencial contar con un conocimiento preciso de los fenómenos que tratamos, discutimos y analizamos, más aún lo es en el ámbito de las ciencias sociales, grandes deudoras del lenguaje común y, por ello, susceptibles de moverse fácilmente entre la imprecisión y la ambigüedad terminológica. En este capítulo no sólo se definen conceptos y se describe el proceso migratorio global, sino que se hace referencia a las diferentes situaciones migratorias en función de diferentes criterios de clasificación (migraciones espontáneas, dirigidas o forzosas; transitorias o definitivas; ecológicas, económicas, políticas u otras; internas o externas; legales o ilegales...). Por último se plantea la multidimensionalidad del fenómeno migratorio en lo que se refiere a sus implicaciones sociales; implicaciones que se ramifican hasta lo más profundo de la vida individual y colectiva, lo que hace de las migraciones un tema fundamental y prioritario para las ciencias humanas, políticas y sociales.

A esta complejidad y multidimensionalidad cabe añadir la dimensión que están adquiriendo actualmente los desplazamientos humanos a lo largo de la geografía mundial. La perspectiva histórica de los flujos y redes migratorias se trata en el segundo capítulo. Además de cubrir un objetivo importante en sí mismo, como es el conocimiento histórico, la presentación de una panorámica evolutiva de los movimientos migratorios está orientada a desempeñar dos funciones a nuestro juicio fundamentales: poner de manifiesto su historicidad, esto es, la idea de que la movilidad ha acompañado a los seres humanos desde los inicios de la historia, por un lado, y situar las dimensiones actuales del fenómeno en sus justos términos, por otro. La descripción de las antiguas migraciones y la evolución de los flujos y redes internacionales nos ayuda a ubicar y entender mejor no sólo la situación migratoria actual sino también su relevancia como fenómeno social. La evolución histórica se presenta secuenciada en tres grandes etapas, para cada una de las cuales se describen los tipos migratorios dominantes y las redes migratorias más importantes.

El tercer capítulo está orientado a ofrecer un panorama general de los enfoques teóricos que, desde las ciencias sociales, han servido para abordar, describir y explicar las migraciones humanas. Las teorías específicas están precedidas de unas consideraciones generales en torno a la situación del entramado teórico y a sus clasificaciones. Seguidamente se exponen aquellas aproximaciones teóricas que toman el proceso migratorio en su conjunto, desde las primigenias observaciones de Ravenstein sobre las regularidades de los movimientos del XIX hasta las teorías del mercado de trabajo fragmentado, pasando por las teorías de la interdependencia mundial. De ellas se ofrecen las líneas argumentales básicas, los teóricos más relevantes y una bibliografía esencial. El capítulo finaliza con un apartado metodológico en el que se presentan las fuentes de información que se utilizan para contabilizar los movimientos migratorios, así como las principales dificultades metodológicas y conceptuales con que se encuentran las ciencias sociales a la hora de tipificar y cuantificar los movimientos y homologar los datos para diferentes contextos geográficos.

En el capítulo cuarto se abandona la perspectiva global del proceso migratorio para sumergirnos con más detalle en uno de sus subprocesos: la inmigración. La perspectiva de la multiculturalidad de hecho actual (una de cuyas causas principales son los movimientos masivos de población) nos sirve de puente para realizar este tránsito, quedando así establecido un nexo coherente entre el proceso global de las migraciones (cuyo conocimiento es necesario) y el proceso específico de la inmigración y sus consecuencias sociales (cuyo interés es prioritario). En este punto se presentan sumariamente las implicaciones sociales de los asentamientos de inmigrantes en sociedades establecidas, que generan en muchas ocasiones una situación de multiculturalidad que plantea problemas de convivencia. De manera específica se tiene en cuenta la dimensión de la identidad colectiva, basada en la cultura, etnia y/o religión, como el marco en el que se producen tensiones entre el grupo de pertenencia, definido como un «nosotros», y los grupos de «otros» con los que entra en interacción como resultado de la inmigración. La percepción del hombre en sociedad, heredada de las filosofías dominantes del XIX, es fundamental para entender los conflictos resultantes de la convivencia multicultural. La vivencia de la cultura del grupo, así como el concepto sustentado de etnicidad, puede suponer un elemento de estratificación añadido al social, en la medida en que separa a los colectivos culturales y los ubica en nichos sociales más o menos impermeables obstaculizando la integración y el mestizaje cultural.

Planteado el fenómeno social de la inmigración, la diversidad y la convivencia, en el siguiente apartado se abordan los diferentes modelos que han surgido en torno a la integración de los inmigrantes; modelos que han generado un intenso debate académico y social desde que los sociólogos de la Escuela de Chicago abordasen, en los años veinte, los problemas de convivencia multicultural bajo el prisma de la asimilación de los inmigrantes a la sociedad de acogida. Tras estos planteamientos teóricos y filosóficos en torno a la convivencia multicultural, el capítulo finaliza con la presentación de la situación inmigratoria en los países de la Unión Europea, tanto en lo que se refiere a los inmigrantes como a la respuesta institucional y legal que ofrece la Unión a este fenómeno social.

El último capítulo está dedicado a la situación de España como país de inmigración: evolución de los flujos migratorios, características de los inmigrantes, planteamientos institucionales (legislación y política de inmigración) y actitudes de la población española hacia la inmigración y los inmigrantes que se manifiestan en las últimas encuestas sociológicas.

Finalmente se aporta una bibliografía seleccionada por temas con el fin de aportar una herramienta que sirva para profundizar en los aspectos tratados en la obra.

1. Las migraciones como proceso social

1. Conceptos, procesos y elementos migratorios

El término «migración» hace referencia a uno de los fenómenos sociales más importantes de nuestra era, formando parte del común acervo cultural y lingüístico. Sin embargo no existe una definición operativa que nos permita diferenciar claramente qué movimientos de población pertenecen a esta categoría y cuáles, por el contrario, se escapan a ella. La UNESCO, por ejemplo, define las migraciones como los desplazamientos de la población de una delimitación geográfica a otra por un espacio de tiempo considerable o indefinido. Esta definición es notablemente ambigua, ya que no determina cuál es la delimitación geográfica a traspasar para que el desplazamiento sea considerado migración, como tampoco especifica la duración del desplazamiento que confiere a éste tal carácter, ya que no todos los movimientos geográficos de población deben ser considerados migraciones.

La situación de ambigüedad e indeterminación terminológica no es baladí, ya que puede tener efectos en ocasiones claramente negativos. En el caso que nos ocupa, de la ausencia de una definición concisa de lo que puede ser considerado como migración se derivan, por lo menos, dos consecuencias que, a su vez, generan efectos perversos sobre la propia realidad migratoria.

En primer lugar, la falta de concreción terminológica por parte del mundo científico y, por lo tanto, la imposibilidad de difusión de términos precisos que describan los fenómenos sociales al conjunto de la sociedad, deja vía libre al lenguaje común para elaborar sus propias categorías y términos en función, muchas veces, de la circulación y difusión de estereotipos y prejuicios dominantes. Este proceso creativo no finaliza con el mero «nombramiento» de las cosas, personas o fenómenos en función de la experiencia (sea ésta real, sentida, percibida o transmitida). Existe una relación circular entre lenguaje y experiencia en donde ambos elementos se refuerzan mutuamente. Así pues, el lenguaje no es sólo fruto de la realidad (objetiva o subjetiva; «real» o ficticia), sino también creador de la misma (Austin, 1988; Berger y Luckmann, 1995; Beltrán, 1991; Pérez-Agote, 1989; Giner, 1996; Giddens, 1990; etc.). Ejemplo claro de esta situación en el terreno de las migraciones, en donde no se produce o difunde con éxito una denominación clara de lo que es la migración (y por lo tanto, el migrante), es la cada vez más clara diferenciación que hacen ciertas sociedades receptoras entre sus inmigrantes, denominando con términos distintos lo que en realidad debería ser una única categoría. Nos estamos refiriendo a la dualización, cada vez más notoria, de los inmigrantes según sea su lugar de origen, reservando para los procedentes de países desarrollados el término «extranjero», mientras que el de «inmigrante» termina por aplicarse exclusivamente a aquellos extranjeros que proceden de países económicamente más desfavorecidos. Ni que decir tiene que la carga valorativa asociada a ambos términos es bien diferente. La percepción de que hay diferentes «tipos» de inmigrantes se difunde, perpetúa y acentúa a través del lenguaje, estableciendo una distancia cada vez mayor entre ambos grupos de extranjeros y, con ello, reforzando la mayor permisividad hacia unos y el rechazo social hacia otros. La creciente carga peyorativa del término «inmigrante» se refleja no sólo en los desplazamientos internacionales, sino también en los internos, tendiendo actualmente a evitar la aplicación de tal término a las personas que se desplazan dentro de un mismo país por entenderse como un apelativo ofensivo.

En segundo lugar, la ausencia de definiciones claras junto con la dificultad que presenta la medición de los desplazamientos (en parte por causas intrínsecas, pero también como consecuencia de la ambigüedad terminológica) y la diversidad de categorías migratorias utilizadas, configuran un panorama de gran confusión en donde se hace verdaderamente difícil elaborar un claro diagnóstico migratorio que nos permita conocer la realidad de cada momento y lugar. Petersen, en 1958, criticaba el modo de proceder que imperaba entre sus coetáneos a la hora de establecer tipologías migratorias, fundamentando éstas en regularidades empíricas estadísticas exclusivamente y sin ninguna base teórica. «El procedimiento preferible en cualquier disciplina —diría el autor— es establecer nuestros conceptos y la relación lógica entre ellos, y entonces recoger y elaborar nuestras estadísticas en términos de este armazón conceptual» (Petersen, 1958: 265).

Estas circunstancias, entre otras, nos indican que es extremadamente importante prestar atención al entramado conceptual que rodea al fenómeno migratorio; no solamente como medida necesaria para establecer un marco consensuado de reflexión e investigación en el seno del mundo científico y académico, sino también para ofrecer a la sociedad en general herramientas claras que le permitan conocer y afrontar su propia realidad migratoria.

Con el fin de mitigar la notable ambigüedad del concepto «migración», tal y como ha quedado definido anteriormente, algunos autores han establecido ciertos criterios que posibilitan determinar con mayor precisión qué desplazamientos de población pueden ser considerados como migraciones y cuáles no. Tal es el caso de Jackson (1986), quien considera que para que un traslado pueda considerarse como una migración deben concurrir tres circunstancias relativas a otras tantas dimensiones:

— *Espacial:* el movimiento ha de producirse entre dos delimitaciones geográficas significativas (como son los municipios, las provincias, las regiones o los países).
— *Temporal:* el desplazamiento ha de ser duradero, no esporádico.
— *Social:* el traslado debe suponer un cambio significativo de entorno, tanto físico como social.

Figura 1.1 Elementos y procesos implicados en las migraciones humanas

A pesar de la todavía ambigüedad de los términos empleados (delimitación geográfica «significativa», desplazamiento «duradero» o cambio «significativo» de entorno) cierto es que con la concurrencia de tales factores nos aproxima un poco más a la idea de lo que es un movimiento migratorio y lo que es un traslado de otro tipo.

Así, serán considerados migraciones los movimientos que supongan para el sujeto un cambio de entorno político-administrativo, social y/o cultural relativamente duradero; o, de otro modo, cualquier cambio permanente de residencia que implique la interrupción de actividades en un lugar y su reorganización en otro. Por contra, no son considerados migraciones los desplazamientos turísticos, los viajes de negocios o de estudios, por su transitoriedad y no implicación de reorganización vital, o los cambios de residencia dentro del mismo municipio, por no suponer un cambio de entorno político-administrativo ni derivarse necesariamente de él la interrupción de actividades previas.

Cuando hablamos de migraciones nos estamos refiriendo, por tanto, a un movimiento geográfico de gentes. Dicho movimiento no se agota con el mero traslado físico; antes bien, el fenómeno migratorio constituye un proceso complejo que, por su extensión en el tiempo y en el espacio, abarca diferentes subprocesos y afecta a también diferentes sujetos y colectivos humanos, configurando así un vasto campo de análisis sociológico.

El proceso migratorio se inicia con la *emigración* o abandono, por parte de una persona o grupo, del lugar de origen por un período de tiempo prolongado o indefinido. Con respecto a este lugar de origen, el sujeto migrante es considerado como *emigrante*. Lógicamente, cuando se abandona un lugar se hace para instalarse en otro. La *inmigración*, o asentamiento de población foránea en el seno de una comunidad dada, constituye la segunda parte de esta fase inicial. En relación al lugar de destino, el mismo sujeto o grupo que había abandonado su lugar de origen, ahora adopta la figura de *inmigrante*. Aunque emigración e inmigración forman parte de un único proceso dinámico con un único protagonista (individual o colectivo) el hecho de que existan dos comunidades diferentes implicadas, la *emisora* y la *receptora*, origina una perspectiva diferente y unas consecuencias diferentes para el momento de la emigración y para el momento de la inmigración, como veremos más adelante. Tenemos, en esta primera fase, tres elementos implicados (comunidad emisora, comunidad receptora y migrante individual o colectivo) y dos subprocesos migratorios (la emigración y la inmigración), cada uno de ellos con sus peculiaridades.

Pero la migración puede acabar aquí (en caso de que sea definitiva) o puede no hacerlo. En este segundo caso se abriría una nueva fase migratoria, la cual puede acabar con el *retorno* del antiguo emigrante a su lugar de origen (ahora sería considerado como *retornado*) o puede iniciarse un nuevo movimiento hacia un segundo destino. El proceso puede repetirse indefinidamente, si bien las figuras básicas del emigrante, inmigrante, retornado, lugar de origen, lugar de destino, y los procesos de emigración, inmigración y retorno, permanecen, aunque en reproducción constante.

Podemos decir, por tanto, que el fenómeno migratorio abarca tres subprocesos analíticamente diferenciables (la emigración, la inmigración y el retorno) y en él se ven implicados tres tipos de sujetos (la sociedad de origen o emisora, la sociedad de destino o receptora y los propios migrantes). Cada uno de estos sujetos (individuales y/o colectivos) posee unos intereses y necesidades diferentes, y cada etapa del proceso global de las migraciones origina problemáticas asimismo diferentes, hasta el punto que éstas han llegado a configurar materias de estudio específicas dentro del ámbito general de las migraciones humanas. Las razones las encontramos en la multiplicidad y multidimensionalidad de las repercusiones de los movimientos migratorios, en función de cada uno de los elementos implicados, como veremos a continuación.

2. Implicaciones de las migraciones

Nos referíamos al fenómeno migratorio como un fenómeno complejo y multidimensional debido a la diversidad de elementos y procesos que intervienen en él. A ello debemos añadir su relevancia social, basada el complejo entramado de repercusiones que el fenómeno tiene sobre la convivencia social y que se extienden hasta lo más hondo de la vida individual y colectiva. Para ilustrar esta complejidad bastan algunos ejemplos que muestran la diversidad de estas repercusiones en función de los sujetos implicados según cuatro dimensiones esenciales: demográfica, económica, social e identitaria y cultural (fig. 1.2).

Atendiendo a la dimensión demográfica, el abandono masivo de población puede producir un alivio de la presión poblacional (como es el caso típico de zonas menos desarrolladas); también un envejecimiento, ya que, por término general, quien emigra es gente joven; o si los emigrantes son habitantes de zonas rurales, lo que se producirá es un problema de despoblación rural.

En la comunidad receptora las repercusiones son las contrarias: mitiga la falta de población joven (caso de los países desarrollados afectados de envejecimiento), rejuveneciendo la población no sólo por los efectivos inmigrados, sino por los hijos que éstos pueden tener en el lugar de destino (ya que como decimos los migrantes suelen ser, en su mayoría, personas jóvenes en edad de procrear). A su vez, el asentamiento masivo en zonas urbanas (donde, en principio, hay mayores posibilidades de encontrar empleo en la industria o servicios) puede producir una sobresaturación de este tipo de hábitats (como es el caso de las grandes metrópolis formadas por grandes cantidades de inmigrantes).

Atendiendo a los sujetos migrantes, cabe esperar que presenten un cambio en sus propias pautas demográficas, especialmente en lo que se refiere a las pautas de fecundidad. Estudios sobre esta materia han revelado que las familias inmigrantes en sociedades desarrolladas procedentes de países menos desarrollados tienden a variar sus pautas de fecundidad, aproximándose a las dominantes en las comunidades receptoras. Así, familias que en origen tendrían un elevado número de hijos, reducen su descendencia en la comunidad receptora, tendiendo al equiparamiento, con el paso del tiempo y de generaciones, entre ambas tasas de

Figura 1.2 Implicaciones de las migraciones

Dimensiones	Sujetos		
	Emisor	Receptor	Migrantes
Demográfica	— Alivio presión demográfica — Envejecimiento (se van los jóvenes) — Despoblación rural	— Mitiga la falta de población — Rejuvenecimiento — Hacinamiento urbano	— Cambio de pautas demográficas (en especial la fecundidad)
Económica	— Reduce volumen de pobreza — Equilibra balanza de pagos (remesas) — «Fuga de cerebros» — Potencial económico innovador (retornos)	— Aporta mano de obra — Aporta recursos humanos (migración «selectiva») — Aumenta la competencia por recursos, subsidio de desempleo, asistencia social, vivienda, sanidad, educación...	— Mejora condiciones de vida — Inestabilidad laboral, precariedad — Vulnerabilidad y desprotección
Social	— Limitación del proceso natural de cambio social intrínseco	— Problemas de convivencia — Inmigración ilegal — Actos racistas	— Adaptación a un nuevo modo de vida (resocialización) — Indefensión, marginalidad, discriminación.
Identitaria y cultural	— Ruptura de la transmisión cultural generacional: inmovilismo, estancamiento en la tradición — Vulnerabilidad a la colonización cultural exterior; pérdida de tradición	— Actitudes xenófobas, racistas — Enriquecimiento cultural — Tolerancia, universalismo	— Desarraigo — Pérdida de identidad — Alienación — Vivencia en un entorno cultural más abierto (caso de las mujeres)

fecundidad, ya que no es frecuente que la igualdad se produzca ni siquiera en la segunda generación.

En cuanto a la dimensión económica, los masivos movimientos migratorios llevan asociadas diferentes problemáticas según sea el elemento migratorio en el que centremos la atención. Por otro lado, las repercusiones para unos y otros pueden adquirir connotaciones positivas o negativas, dependiendo de las circunstancias que rodeen al desplazamiento. Así, para la sociedad emisora, el abandono de un número importante de su población puede tener efectos económicos positivos: reducción del volumen de pobreza y/o de desempleo (como fue el caso español en las décadas desde los cuarenta hasta los sesenta, cuando hubo una importante emigración hacia Alemania, Suiza, Bélgica y Francia, que posibilitó la práctica inexistencia del problema del paro); equilibrio de la balanza de pagos gracias a las remesas de divisas que los emigrantes envían a sus familias que permanecen en el origen; o incremento de su potencial humano innovador en el caso de que los antiguos emigrantes retornen a su origen con nuevas cualificaciones adquiridas. Por contra, la emigración de gente cualificada (antiguamente conocida como «fuga de cerebros» por sus motivaciones políticas) tiene, obviamente, repercusiones económicas negativas para la comunidad emisora, sobre todo si se trata de una emigración definitiva. La sociedad que emite este tipo de emigrantes no solamente pierde importantes recursos humanos propios, sino que la inversión que ha sido necesaria para su formación no revierte en la comunidad que la ha efectuado. Tenemos como ejemplo los casos de la Europa del Este y la antigua Unión Soviética, afectados de numerosos casos de exilios hacia el mundo occidental; o el de Alemania que, con el ascenso de Hitler al poder, produjo el exilio de numerosos intelectuales judíos o ligados a la resistencia al régimen nazi. En este sentido, España fue también un importante país emisor de este tipo de migración tras la Guerra Civil y perdió un importante capital humano relativo al mundo de las artes y de las letras.

Siguiendo en la dimensión económica, pero teniendo en perspectiva la comunidad receptora, una recepción masiva de mano de obra puede tener efectos positivos para la economía nacional. Ejemplos de tal situación los encontramos en la Europa desarrollada de la postguerra que, devastada, necesitó reclutar a trabajadores extranjeros para su reconstrucción. En nuestro entorno, encontramos igual situación en la época del desarrollo económico y la industrialización del País Vasco y Cataluña, tanto a finales del siglo pasado como en las décadas de los cincuenta y sesenta. El crecimiento económico requería de mano de obra adicional, ya que con la población nativa no había suficiente potencial humano para seguir el ritmo de desarrollo industrial de estos momentos históricos. Incluso en las sociedades industriales contemporáneas, en las que las poblaciones autóctonas tienden a percibir a los inmigrantes como competidores por los escasos puestos de trabajo existentes, no faltan teóricos y expertos que entienden la afluencia de mano de obra extranjera como beneficiosa para las economías nacionales, afectadas por ciertos problemas estructurales irresolubles con la exclusiva mano de obra nacional.

Sin embargo, la inmigración masiva puede suponer el aumento de la competencia por los recursos sociales, ya que a los trabajadores nacionales se incorporan los foráneos para disfrutar de los derechos sociales como asistencia social, educación, subsidios de desempleo, sanidad… Cuando la situación económica de la comunidad receptora es adversa, o simplemente no expansiva, se crearán problemas de convivencia en el seno de la comunidad, pues los trabajadores nativos percibirán a los foráneos como un peligro o amenaza sobre sus empleos y logros sociales.

Por último, teniendo en cuenta a los propios migrantes, y si estos abandonaron su lugar de origen por razones económicas, hay que suponer que el traslado puede mejorar sus condiciones de vida. Ahora bien, aún cuando tales condiciones mejoren éstas no suelen ser equiparables a las de los trabajadores nativos, sobre todo si se trata de migraciones internacionales, pues los trabajadores extranjeros suelen estar abocados a desempeñar los puestos de trabajo peor remunerados, de menor prestigio social, más peligrosos… incluso en muchos casos en los que los inmigrantes poseían una elevada cualificación en origen. Si la situación del extranjero es de «ilegalidad», el panorama se complica y agrava notablemente para él, ya que en estos casos la vulnerabilidad y desprotección son máximas.

El abandono de importantes sectores de población tiene también consecuencias sociales importantes para la comunidad emisora, ya que puede alterar el proceso natural del cambio social asociado a factores internos. Las sociedades evolucionan impelidas no sólo por fuerzas externas a su propio sistema (internacionalización económica y cultural, intercambio con otras culturas, evolución tecnológica externa, etc.) sino también como consecuencia de los cambios en la interpretación de la propia cultura y de las influencias exteriores por parte de las sucesivas generaciones. El empobrecimiento del volumen de las generaciones que puedan liderar estos cambios internos, ha de afectar, necesariamente, a las posibilidades de que éstos se produzcan.

Por su parte, la recepción de inmigrantes, sobre todo en determinadas circunstancias de volumen, visibilidad y concentración, tiene también importantes implicaciones para la sociedad receptora en el ámbito de la convivencia social. A mayor diversidad cultural mayores serán los retos para la población autóctona e inmigrante en aras de encontrar estrategias pacíficas de convivencia. En este sentido, se hace necesario abordar el problema de la «integración» de los inmigrantes y fijar el modelo o modelos de convivencia a partir de los cuales elaborar estrategias y políticas sociales específicas para alcanzar el objetivo fijado. El establecimiento del modelo o modelos de convivencia puede llevarse a cabo de diversas maneras en función de los agentes que lideran el proceso (si es exclusivamente la población autóctona la que fija el modelo de convivencia, dejando a los colectivos inmigrantes un mero papel de objeto a asumir dichos modelos, o bien si se incorpora a la población inmigrante a la discusión sobre los modelos de convivencia como auténticos sujetos-actores sociales). Los modelos de convivencia también pueden ser diversos (asimilación o pluralismo), y multidimensionales. El reto, insistimos, es un hecho que la sociedad receptora debe afrontar con determinación, ya que la inercia y la improvisación pueden suscitar efectos no deseados e incrementar los conflictos, como es el caso del incremento de los actos racistas y xenófobos en aquellas sociedades que ven incrementar su volumen de inmigrantes.

También dentro del ámbito social, y tomando la comunidad receptora como protagonista, la inmigración suscita nuevos problemas sociales, además del de la convivencia en la diversidad cultural. Nos referimos a la necesidad de plantearse el control de las fronteras y, por ende, de la elaboración de una política de inmigración. El reto en esta dimensión se produce ante la necesidad de coordinar los principios axiológicos que rigen las sociedades receptoras con las expectativas y posibilidades reales de las poblaciones autóctonas. Especial relevancia toman, en este sentido, las numerosas incoherencias que se producen en el seno de las sociedades receptoras occidentales, inspiradas en la filosofía de los derechos humanos universales, y las políticas de inmigración adoptadas crecientemente restrictivas, generando en muchas ocasiones ciudadanías de diferentes categorías: una para los nacionales y otra para los extranjeros (o algunos tipos de ellos).

Para los propios inmigrantes, el asentamiento en una sociedad diferenciada de la propia en muchos sentidos (cultural, económica, legal e incluso racial o étnica) supone un importante esfuerzo de resocialización. Dicho proceso no implica necesariamente la asimilación cultural (si bien se produce en muchos casos), sino la adaptación a nuevas formas de producción o de vida cotidiana. La propia situación de extranjería, por otro lado, limita su condición de ciudadanía y establece diferencias entre la población autóctona y la inmigrante que, aún cuando sean mínimas no por ello son poco importantes (como es el caso del derecho al voto). La condición de extranjería, por otro lado, no suele tener la misma significación y repercusiones para todos los extranjeros. Tal es el caso de la Unión Europea, en donde se establece una clara e importante diferenciación entre inmigrantes llamados «comunitarios» y los que se denominan «extracomunitarios». Para estos últimos la merma de derechos y posibilidades de asentamiento y trabajo son muy superiores a la de los extranjeros procedentes de otros países de la Unión. La existencia de restricciones en las entradas y en la obtención de los permisos necesarios para trabajar y vivir con un mínimo de estabilidad tiene dos consecuencias importantes para estos colectivos. Por un lado, merma notablemente la estabilidad en su vida cotidiana; por otro, la rigidez de requisitos para mantenerse legalmente en el país favorece no sólo la entrada clandestina de inmigrantes, sino también el paso de una situación de legalidad a otra de clandestinidad con notable facilidad. En estos casos la indefensión del inmigrante es máxima.

Estrechamente relacionadas con la dimensión social se encuentran las que hacen referencia a la cultura y la identidad individual y colectiva de los sujetos implicados en el proceso. En la sociedad emisora, la emigración de volúmenes importantes de población puede generar dos consecuencias aparentemente contradictorias. La ausencia de aquellos sectores generacionales que deberían liderar el cambio social tiene su correlato en el plano cultural, favoreciendo el estancamiento en elementos culturales tradicionales portados por las generaciones mayores que tienen escasas posibilidades de relecturas innovadoras. Por otro lado, sin embargo, la limitación de las cohortes de población que podrían otorgar un carácter autóctono a los cambios procedentes del exterior dejan a las comunidades emisoras en una situación vulnerable ante las influencias culturales externas. La fuerte presión hacia la implantación de elementos culturales mundialmente dominantes, tan característica de los procesos conocidos como «globalización», encuentra en las sociedades emigrantes un terreno abonado y sin excesiva resistencia, máxime cuando a la emigración se le une un importante proceso de retorno de los antiguos emigrantes. En este caso, los propios emigrantes retornados pueden ejercer un importante papel como agentes «colonizadores», portando elementos culturales adquiridos en las sociedades de destino y aplicándolos, a su regreso, a sus propias comunidades de origen.

Tendencias contradictorias pueden plantearse también en las sociedades de inmigración. La diversidad cultural, resultante del asentamiento de colectivos cultural y étnicamente diferenciados, puede interpretarse de formas distintas. Tal diversidad puede ofrecer la oportunidad de poner en práctica actitudes abiertas hacia la diferencia, hacia el diálogo multicultural, resultando de ello un enriquecimiento cultural de todos los colectivos en convivencia. Si la sociedad receptora no está preparada para ello, la afluencia de inmigrantes puede ser percibida de forma nociva, como una amenaza a su identidad colectiva. En esta tesitura, las actitudes racistas y xenófobas se abrirán paso con inquietante facilidad.

Los propios sujetos migrantes experimentarán procesos de cambio en sus identidades. Asentarse en una sociedad de cultura y valores diferentes a la propia requiere esfuerzos de adaptación más o menos notable. En buena medida los requerimientos adaptativos dependen del clima hacia la diversidad y la convivencia multicultural que exista en las sociedades receptoras, pero también de las expectativas, culturas e intereses de los propios inmigrantes.

Y así podríamos seguir haciendo un repaso por las casi infinitas situaciones, problemáticas y repercusiones que puede llegar a tener un movimiento migratorio, sobre todo si éste afecta a un elevado número de migrantes. Esta complejidad y multidimensionalidad se refleja en las propias tipologías de las migraciones; tipologías múltiples en función de las también múltiples dimensiones a las que pueden hacer referencia las clasificaciones de los movimientos migratorios.

3. Tipologías de los movimientos migratorios

Cualquier tipología requiere de uno o más criterios o dimensiones en función de los cuales diferenciar y clasificar elementos. La multidimensionalidad del fenómeno migratorio nos indica la existencia de diversos criterios para establecer distintos tipos de movimientos. La utilización de un solo criterio daría lugar a tipologías parciales. Este procedimiento es el más utilizado y el que más eco tiene entre la población general, pues es el más sencillo. Ahora bien, ha habido intentos de tipologizar los movimientos migratorios utilizando más de una dimensión de forma simultánea. Es el caso de las tipologías multidimensionales (a veces consideradas globales). Empezaremos por mencionar la más conocida y mejor fundamentada de estas últimas: la realizada por William Petersen en 1958 y que el propio autor denominó *Una tipología general de la migración* (Petersen, 1958: 256-266). Cabe decir que la de Petersen es algo más que una clasificación de las migraciones en función de simples características observables; supone la asunción de criterios teóricos importantes.

Uno de los aspectos más relevantes de la tipología de Petersen es el intento de superación de dos imperativos universales antagónicos: la presunción del nomadismo o del sedentarismo como elemento esencial al ser humano. En este sentido, el autor inicia su exposición con una crítica a la clasificación de Fairchild realizada treinta años antes (Fairchild, 1925), por entender que toda su aportación se sustenta en una premisa falsa: el sedentarismo natural del hombre. Ni el sedentarismo ni el nomadismo, entendidos de forma esencialista, son capaces de explicar por qué unas personas o grupos tienen propensión a movilizarse, mientras que otras y otros tienden a no hacerlo. Ambas premisas no tienen un carácter natural, sino social y cultural; la tendencia a la movilidad o al sedentarismo está arraigada en las diferentes culturas y forma parte de los diferentes sistemas de valores que las sustentan. Del mismo modo que existen tendencias sociales, culturales o grupales hacia uno u otro sistema de vida, también los sujetos individuales mantienen diferencias dentro de cada sistema. Así, es normal entender que la adversidad en lo económico, la inexistencia de libertad religiosa o la opresión política son factores que favorecen el movimiento migratorio, sin hacer distinciones entre los diferentes sujetos expuestos a tales adversidades. Al igual que antes, la pregunta que se suscita es por qué emigran personas que no sufren penurias económicas, no tienen problemas religiosos o no padecen persecuciones políticas, del mismo modo que otras, aún encontrándose en situaciones difíciles, no se deciden a emigrar a otro contexto más benévolo. Petersen entiende que es necesario tener en cuenta no sólo criterios sociales y/o culturales, sino también las propias expectativas individuales para poder entender las diferentes modalidades de movimientos migratorios.

La clasificación de Petersen se muestra en la figura 1.3, en donde aparecen los diferentes criterios que, combinados entre sí, dan lugar a los tipos de migraciones que él detectó, algunos de los cuales son bien conocidos por todos nosotros. Petersen distingue cinco clases de migraciones en función de la relación que se produce entre el hombre y algún elemento que determina la propensión a migrar. Para cada una de estas relaciones existe una fuerza concreta que impulsa el movimiento migratorio. Por otro lado, cada clase de migración puede tener una doble intencionalidad por parte del sujeto migrante: la conservadora, que implica un movimiento con la intención de mantener las mismas condiciones de vida por parte del migrante (o agente que propicia el movimiento) una vez que el entorno ha sido alterado; y la innovadora, que supone precisamente lo contrario: el deseo de cambiar tales condiciones a través de la migración. Diferenciando entre clases y tipos migratorios, Petersen concluye con la diferenciación de diez tipos de migraciones correspondientes a cinco clases de las mismas [1].

Figura 1.3 Tipología de las migraciones de W. Petersen

Relación	Fuerza migratoria	Clase de migración	Tipo de migración	
			Conservadora	Innovadora
Hombre - Naturaleza	Impulso ecológico	Primitiva	Nomadismo	Huida de la tierra
Hombre - Institución	Política migratoria	Impelida	Huida	Tráfico de trabajadores
		Forzada	Desplazamiento	Tráfico de esclavos
Hombre - Normas	Aspiraciones	Libre	De grupo	Pionera
Comportamiento colectivo	Social	De masas	Asentamiento	Urbanización

FUENTE: W. Petersen, 1958: 266.

La tipología de Petersen tiene la virtud de ser una de las pocas existentes que clasifican los movimientos migratorios en función de diferentes dimensiones simultáneas, además de estar teóricamente bien fundamentada. Cabe decir, sin embargo, que el fenómeno migratorio ha evolucionado de forma importante durante las cuatro últimas décadas, desde que Petersen formuló su conocida clasificación. Nuevas modalidades y denominaciones han irrumpido en nuestra realidad migratoria contemporánea, por lo que nos parece necesario exponerlas mediante clasificaciones sencillas (la mayoría de ellas unidimensionales), a la espera de que se elabore alguna tipología general más adecuada a nuestros tiempos. Las categorías utilizadas, así como los tipos resultantes, son las que aparecen en la figura 1.4.

Teniendo en cuenta el límite geográfico que abarca el movimiento, si éste transciende las fronteras de un país, estaremos ante una migración externa o internacional. Si el movimiento se produce sin traspasar fronteras internacionales, hablaremos de migración interna. En este último caso, y dependiendo de las di-

Figura 1.4 Tipologías de las migraciones

Categorías	Tipos	Subcategorías	Subtipos
LÍMITE GEOGRÁFICO	Internas	(España) Por municipios Por provincias Por regiones (CC.AA.)	«intra» «inter»
	Externas o internacionales	Situación jurídica del migrante	Legales Ilegales
		Regiones multinacionales	(UE) Comunitarias Extracomunitarias
DURACIÓN	Transitorias o temporales Definitivas o permanentes		
SUJETOS DE LA DECISION	Espontáneas Dirigidas Forzadas		
CAUSAS	Ecológicas		
	Políticas	Tipo de traslado	Exilio, asilo, refugio Desplazamiento
	Económicas	Motivación del migrante	Selectiva Económicas (sentido estricto)
	Otras		Tercera edad Rentistas Cooperantes Independientes

visiones administrativas territoriales, los movimientos pueden, a su vez, ser clasificados en función de tales divisiones.

Con respecto a las migraciones internacionales, dos subcategorías pueden ser establecidas. Cuando se traspasan fronteras nacionales, los movimientos están sujetos a control administrativo, muchas veces por parte del país emisor y siempre por parte del país receptor. No basta con querer emigrar, es necesario que el país de destino acepte la estancia del nuevo inmigrante. Para ello se deben cumplir una serie de requisitos que determinan la admisión y establecen la situación jurídica del inmigrante en el nuevo país. Cuando el inmigrante cumple todos los requisitos legales para instalarse, diremos que la inmigración es legal; cuando no es así, y a pesar de todo el inmigrante se instala en el país de destino, estaremos ante una inmigración ilegal. Cabe decir que la legalidad o ilegalidad es un atributo ligado a situaciones, hechos o acciones, pero nunca a personas [2]. Por ello no es correcto hablar de inmigrantes legales o ilegales, a pesar de que el uso de estos términos está totalmente extendido, sobre todo para el caso de estos últimos. Es más correcto denominarlos inmigrantes indocumentados, irregulares o clandestinos, además de que ello disminuiría la fuerte carga negativa que recae sobre este tipo de inmigrantes. Por otro lado, y aunque es menos frecuente en las sociedades occidentales, donde existe una reconocida libertad de emigrar (no así de inmigrar), los movimientos también pueden ser ilegales o legales desde el punto de vista de la emigración. Así, algunos países, más en el pasado que actualmente, no permiten la salida al exterior de sus ciudadanos con completa libertad. En estos casos la emigración también puede reconocerse como legal o ilegal.

La segunda subcategoría dentro de las migraciones internacionales hace referencia al traspaso de ciertos límites no establecidos ya por los Estados, sino por unidades territoriales más amplias. En el caso de la Unión Europea se ha implantado fuertemente una diferenciación entre ciudadanos comunitarios y no comunitarios, en función de los acuerdos relativos a la libre circulación de personas en el espacio de la Unión. Tal libertad sólo es aplicable a los ciudadanos pertenecientes a los diferentes países miembros. Estos, aún cuando permanecen siendo extranjeros en un país de la UE, por el hecho de ser nacionales de otro también de la UE, mantienen unas condiciones de asentamiento, permanencia y estatus muy diferentes de las de los extranjeros procedentes de terceros países. A las migraciones producidas entre dos países miembros de la UE se las denomina comunitarias; a las que proceden de países terceros, extracomunitarias. La diferencia no es meramente lingüística.

En cuanto a su duración, las migraciones pueden ser clasificadas como transitorias o definitivas. Las primeras son aquellas en las que el migrante establece su residencia en el lugar de destino como una etapa transitoria y definida (caso típico de los trabajadores temporales). Las migraciones de carácter permanente son aquellas en las que los migrantes establecen su residencia en el lugar de destino de forma definitiva o por un prolongado espacio de tiempo (como puede ser la duración de su vida laboral).

Si atendemos a los sujetos de la decisión, podemos diferenciar entre migraciones espontáneas, dirigidas y forzadas. Las primeras son aquellas en las que el migrante decide voluntariamente abandonar su lugar de origen sin mediación institucional alguna o sin verse forzado a ello. En las migraciones dirigidas el migrante mantiene su voluntad de emigrar, pero instado por agencias favorecedoras de los desplazamientos. Es el caso conocido del reclutamiento de mano de obra extranjera que algunos países europeos, como Francia y Alemania, fomentaron tras la Segunda Guerra Mundial con el fin de reconstruir el país y, en el caso contrario, la emigración española hacia esos mismos países, favorecida por el Gobierno español del momento. Por último están las migraciones forzosas, en las que el migrante no decide voluntariamente su traslado ni, muchas veces, su destino (caso de los esclavos, repatriados, exiliados…).

La última tipología es la que hace referencia a las causas de los desplazamientos. Las más frecuentes, históricamente hablando, son las ecológicas, las económicas y las políticas. Las primeras son causadas por catástrofes naturales o situaciones adversas del hábitat. Fueron muy numerosas en épocas primitivas, cuando el ser humano aún no disponía de los medios técnicos necesarios para hacer frente a los desastres naturales o sus consecuencias.

Las políticas son las provocadas por las adversidades de esta naturaleza, incluyéndose aquí todos los movimientos originados por cualquier tipo de conflicto bélico o por persecuciones de carácter político, religioso o étnico, dando lugar a las figuras de los desplazados, exiliados, asilados o refugiados.

Las migraciones económicas son las producidas, como su nombre indica, por causas económicas. Cabe, sin embargo, detenernos a plantear una importante consideración. Habitualmente se conocen como migraciones económicas (y, por ende, migrantes económicos) sólo aquellas producidas por la necesidad económica de los migrantes. Esto es, cuando el migrante abandona su lugar de origen impelido por la falta de trabajo, de oportunidades laborales o de condiciones mínimas de subsistencia. No insistiremos en que tal circunstancia no es percibida con excesivo agrado por parte de las poblaciones receptoras, adquiriendo la migración económica, tal y como se entiende, una connotación más negativa que positiva. Podemos preguntarnos, sin embargo, qué apelativo o denominación deberían adquirir aquellos movimientos producidos a causa de los procesos de globalización e internacionalización económicas, como son los traslados de directivos, gerentes o personal cualificado de grandes empresas transnacionales cuya misión es implantar nuevas factorías, agencias o filiales en otros países, o formar a trabajadores autóctonos en las nuevas tecnologías o procesos de producción una vez establecidas sus empresas en terceros países. Si las causas son también económicas, también deberían denominarse a estos traslados como migraciones económicas, a pesar de las reticencias existentes o a identificar migración económica con penuria económica del migrante. En todo caso, dentro de las migraciones económicas se podrían establecer diferenciaciones en función de las características de los migrantes, considerando a unas como migraciones económicas selectivas y a otras económicas de forma estricta, o con cualquier otro término más adecuado.

Estos tres tipos de migraciones según sus causas son, como decimos, los más frecuentes y los que han dado lugar a mayores volúmenes de migrantes, tanto en la actualidad como en épocas pasadas. Sin embargo existen otros tipos de movimientos cuyas causas escapan a estas clasificaciones. Algunos han existido desde siempre, como es el caso de las motivadas por los espíritus independientes, aventureros o por la búsqueda de diferentes formas de vida. Otros, sin embargo, responden a situaciones nuevas. Las tendencias globalizadoras contemporáneas y la creciente facilidad para la movilidad geográfica son algunas de ellas. Así, nos encontramos con migraciones de la tercera edad (jubilados con medios económicos suficientes para instalar su residencia en lugares con unas mejores condiciones climáticas que las de su origen), reunificaciones familiares (migraciones originadas por el carácter definitivo de los asentamientos precedentes de un miembro de la familia) y movimientos de cooperantes internacionales, cada vez más numerosos (que instalan su residencia de forma definitiva o por largos períodos en países del Tercer Mundo o zonas necesitadas de su colaboración).

Por último, y relacionado con la clasificación de las migraciones según sus causas, cabe decir que en la actualidad es muy difícil establecer una frontera nítida entre migraciones de carácter político, en sentido amplio, y migraciones económicas, ya que los desastres de una guerra o las consecuencias de una dictadura que mantiene a su población en la miseria pueden inducir a la gente a buscar mejores condiciones de vida en otro lugar sin que ésta se encuentre perseguida explícitamente.

Todas estas tipologías nos muestran la variedad de situaciones que pueden presentar los movimientos migratorios y nos reafirman en la idea de la complejidad y multidimensionalidad de los mismos que ya habíamos avanzado, y que se deriva de su propia naturaleza, esto es, en la diversidad de elementos y procesos que intervienen en ellos. Pero la relevancia social actual del fenómeno migratorio no procede exclusivamente de su complejidad ni de sus múltiples e importantes implicaciones sociales, sino también de la extensión y diversidad que ha ido adquiriendo en las últimas décadas. A la evolución y caracterización históricas de los movimientos migratorios nos dedicamos a continuación.

2. Evolución histórica: tipos y redes migratorias

Desde los inicios de la historia hombres y pueblos han experimentado la necesidad y/o el deseo de cambiar de asentamiento, pero las causas y características de los movimientos han ido evolucionando, dando lugar a diferentes formas de migrar. Cada época histórica ha presentado sus propios tipos y redes migratorios [1]. Exponemos seguidamente la evolución de las grandes tendencias migratorias internacionales siguiendo la clasificación de Castles y Miller (1993), quienes las secuencian en tres grandes etapas: migraciones premodernas, modernas y contemporáneas. Las primeras son aquellas que predominan antes del comienzo de la época moderna (cuyo inicio simbólico puede establecerse hacia mediados del siglo XIX) y que se caracterizan por el predominio de los traslados forzosos propios de las conquistas e invasiones o causadas por motivos ecológicos. Las migraciones modernas son las producidas entre 1850 y la gran crisis económica de 1973, momento en que los cambios que se estaban gestando en el mundo moderno cristalizan en la extensión sin precedentes de los movimientos migratorios. Las migraciones en esta época sufren transformaciones importantes, sobre todo en lo que se refiere a la extensión de redes migratorias a lo largo del panorama internacional. Dentro de esta etapa pueden distinguirse, a su vez, dos momentos diferenciados en función del papel dominante que la civilización occidental ejerció sobre los desplazamientos humanos: la etapa de la industrialización occidental (entre 1850 y 1920) y la de su consolidación (desde 1945 hasta 1973). Por último, lo que podemos considerar como migraciones contemporáneas (desde 1973) corresponderían a un momento en el que la extensión de los movimientos, tipos y redes migratorios no han tenido, como decimos, precedentes en la historia.

1. Migraciones premodernas (previas a 1850)

Las migraciones de gran parte de la historia se han caracterizado por la falta de voluntariedad de los desplazados. Antes de la industrialización predominaron los desplazamientos forzados, bien por las condiciones adversas del hábitat, bien como resultado de invasiones, conquistas, colonizaciones y expulsiones colectivas. Ya en la Antigüedad encontramos imperios expansionistas como los de los asirios, persas y egipcios. La Grecia clásica y, sobre todo, el Imperio Romano continuaron la larga historia de la expansión territorial, seguida por las invasiones germánicas tras la caída de este último en el siglo v. También las conquistas religiosas tuvieron efectos movilizadores sobre las poblaciones; tal es el caso de la expansión del Islam entre los siglos VII y X, que supuso el desplazamiento de grandes contingentes humanos desde África a Europa, o de las cruzadas entre los siglos XI y XIV, cuya consecuencia fue la implantación de la cultura europea en territorios orientales como Grecia, Bizancio, Siria o Palestina.

Dentro de estos contextos premodernos no podemos olvidar que el concepto de *asilo*, lejos de designar un fenómeno contemporáneo, hunde sus raíces en la Antigüedad y delimita procesos importantes de movilización antes de adentrarnos en la modernidad. Son, también, migraciones forzadas o inducidas, tan características de estas épocas históricas. El concepto del asilo como tal aparece ya en algunos tratados entre gobernantes de la Antigüedad, quienes asumían la protección de aquellos que llegaban huyendo de otro país. Pero las raíces del asilo son fundamentalmente religiosas: los lugares santos como el Templo de Salomón, los templos griegos y egipcios, o los santuarios cristianos, han sido lugares de refugio por excelencia. El asilo ha estado protegido por los dioses de casi todas las religiones. Tanto la Biblia como el Corán establecen la necesidad de dar asilo a quienes huyen perseguidos por sus creencias religiosas, ilustrando esta necesidad con numerosas situaciones y casos concretos. Los templos cristianos fueron reconocidos como lugares de asilo por el Derecho Romano en el siglo IV. Su ámbito se extiende gradualmente hasta llegar a la Edad Media, cuando la autoridad eclesiástica adquiere un poder absoluto de protección frente al gobierno civil.

La aparición de los Estados nacionales y el fortalecimiento de la monarquía generó una disminución de la inviolabilidad de los centros sagrados como lugares de asilo, aumentando el papel de los nuevos Estados en la concesión del mismo. Así, Enrique VIII de Inglaterra abolió numerosos santuarios religiosos en el siglo XVI, designando en su lugar siete ciudades de asilo. Las expulsiones y persecuciones de carácter religioso fueron numerosas en la época, como la de los moriscos en el reinado de los Reyes Católicos o los calvinistas en la España del XVII, pero será el Estado quien asumirá progresivamente la protección de los refugiados. El caso de los 250.000 hugonotes que tuvieron que abandonar Francia a consecuencia de la revocación del edicto de Nantes en 1685 ilustra este cambio hacia la protección civil e institucional de los perseguidos, ya que Gran Bretaña elaboró el edicto de Postdam por el que se permitía a los protestantes franceses asentarse en el país. Con la Revolución Francesa en 1789 el asilo adopta definitivamente el aspecto civil que hoy todos conocemos.

Por su parte, el descubrimiento del *Nuevo Mundo* generó a partir del siglo XVI un importantísimo trasvase de población desde la Europa occidental hasta el continente americano y Australia, fundamentalmente. Pero la expansión europea no sólo alcanzó a los nuevos territorios de América y Oceanía; durante el siglo XVII se inició una etapa colonizadora de pueblos africanos, asiáticos y sudamericanos, cuyas consecuencias se han mantenido hasta bien entrado el siglo XX.

Al asentamiento inicial de colonos europeos se sumará, durante los siglos XVII y XIX, el traslado forzoso de esclavos de raza negra. Se estima que hasta 1850 fueron trasladados 15 millones de esclavos africanos al continente americano. Este sistema permitió

Figura 2.1 Principales tipos y corrientes migratorias premodernas

ECOLÓGICAS
(nomadismo, desplazamientos transoceánicos de la prehistoria)

EXPANSION DE IMPERIOS Y GRANDES CIVILIZACIONES
Grecia, Roma, Egipto, Persia...; Antigüedad.

EXPANSIONES RELIGIOSAS
Islam (s. VII-X)
Cruzadas (s. XI-XIV)

EXPANSIONES Y HUIDAS RELIGIOSAS (asilo)
Egipto → israelitas (Antigüedad)
España → moriscos y judíos (s. XV-XVII)
Francia → hugonotes (s. XVII)
Inglaterra → puritanos (s. XVII)

COLONIZACIONES
Europa → América y Oceanía (asentamientos; s. XVI-XIX)
Europa → África, Asia y Sudamérica
(regímenes coloniales; s. XVII-XX)

TRÁFICO DE ESCLAVOS
África → América (s. XVII-XIX)

TRAFICO DE TRABAJADORES
Asia → colonias europeas (s. XIX-XX)

incrementar notablemente el poder político y económico de las potencias coloniales europeas de la época: Francia, Gran Bretaña, Portugal, España y Holanda. Con la abolición de la esclavitud a mediados del XIX, estos trabajadores forzosos fueron reemplazados por trabajadores reclutados, muchas veces a la fuerza, de otras partes de la geografía mundial. Con este sistema. Gran Bretaña logró transportar a unos 30 millones de personas desde el subcontinente indio hasta sus colonias americanas, africanas y oceánicas, mientras que Alemania utilizó a trabajadores chinos para los mismos fines. El sistema de la esclavitud y el reclutamiento forzoso favoreció la acumulación de capitales necesaria para abordar la industrialización de las potencias coloniales. Con ella, aparecen nuevas redes y tipos migratorios.

2. Migraciones modernas (1850-1973)

Durante este período de industrialización y consolidación del desarrollo de una parte del planeta, se pueden observar dos subprocesos migratorios: uno coincidente con los inicios de la industrialización (1850-1920) y otro con la consolidación económica y política del mundo occidental tras la segunda guerra mundial: Europa occidental, Norteamérica y Australia (1945-1973).

Industrialización de Occidente (1850-1920). Durante este período se conoce una diversificación de los tipos migratorios. Así, a los movimientos forzados de trabajadores se añadirán los desplazamientos espontáneos de colonos europeos desde su Europa natal hacia las colonias americanas y australianas. Aparecen nuevas redes migratorias que se suman a otras ya existentes. Las corrientes migratorias fundamentales en este período son: la que se dirige desde Europa hacia las colonias del Nuevo Mundo (espontáneas), la que se dirige desde las colonias europeas asiáticas hacia otras colonias europeas (trabajadores forzados) y la que se dirige desde la Europa menos desarrollada hacia la Europa de incipiente industrialización (migraciones dirigidas).

Los lugares prioritarios de destino son, por tanto, Estados Unidos y la Europa más desarrollada. Estados Unidos recibió, entre 1800 y 1930, a más de 40 millones de europeos. Primero británicos y alemanes, después irlandeses, italianos, españoles y judíos de la Europa del Este. La motivación principal de estos colonos europeos fue la de evitar su proletarización. No deseaban convertirse en trabajadores industriales, preferían la autonomía y la libertad. América ofrecía disponibilidad de tierra e independencia. No siempre consiguieron lo deseado, y muchos de ellos terminaron trabajando para el ferrocarril o para otros granjeros o ganaderos, pero la gran mayoría de ellos pudieron ofrecer una educación digna a sus hijos y verlos ascender en la escala social. Hasta 1880, en Estados Unidos no hubo restricciones a la inmigración.

En cuanto a Europa, el primer país europeo que conoció la inmigración masiva fue Gran Bretaña, ya que fue el primero en iniciar su industrialización. En esta época, la gran inmigración hacia Gran Bretaña fue la de origen irlandés, impulsada por el abandono en que se encontraba su agricultura y la ruina de la pequeña industria en competición con la nueva industria británica. En 1851 eran ya 700.000 los irlandeses afincados en Inglaterra, Gales y Escocia, y se emplearon en los trabajos más duros de la industria textil y la construcción de vías férreas y canales. La segunda gran inmigración la conformaron los judíos que huyeron de Rusia, refugiándose en Gran Bretaña; se calcula que fueron unos 120.000 durante el período de 1875 a 1914. En este caso, los judíos se esmeraron en ofrecer una buena educación a sus hijos y ya en las terceras generaciones ocupaban sus descendientes puestos importantes en el mundo social y laboral británico. La inmigración hacia Gran Bretaña fue de carácter definitivo y se caracterizó por la fácil nacionalización de los inmigrantes.

Otro gran centro de atracción fue Alemania (por entonces Prusia), pero en este caso la inmigración fue mediante sistemas de reclutamiento forzado y con carácter exclusivamente transitorio. La principal fuerza de trabajo fue la de los polacos extranjeros (en el interior de Prusia había ciudadanos de origen polaco) y ucranianos, reclutados por los terratenientes del este y con el fin de cubrir la mano de obra que les faltaba desde que sus trabajadores prefirieron emigrar hacia el oeste del país para trabajar en las minas del Rhur y en la incipiente industria. Sobre tales trabajadores pesaba un control riguroso y unas condiciones duras de vida y de trabajo. Sólo se les contrataba para trabajar estacionalmente y después se les obligaba a volver a su origen. El sistema alemán estaba orientado a impedir el asentamiento permanente.

En Francia se produjo también un importante flujo inmigratorio, pero su carácter fue eminentemente espontáneo. En 1851 había 380.000 extranjeros (un 1,1% de la población total); en 1911 había ya 1,2 millones (el 3% de su población total). Francia tenía un déficit demográfico, ya que muchos campesinos, propietarios de comercios y artesanos controlaron su natalidad con el fin de reducir el tamaño de sus familias. Su afán por mantener su situación de autonomía y evitar la proletarización propia o de su familia les llevó a pensar que la única forma de mantener sus propiedades intactas de generación en generación y de poder dar una buena educación a sus hijos era, precisamente, tener pocos. De este modo, la nueva industria necesitada de mano de obra para trabajos duros tuvo que recurrir a la inmigración, que se produjo de forma espontánea y para los trabajos que los franceses no estaban dispuestos a realizar.

Consolidación occidental (1945-1973). En este período se producen cambios importantes. Desaparecen algunos movimientos de largo alcance, como son los de los trabajadores asiáticos reclutados forzosamente hacia las colonias europeas en el Nuevo Mundo; desciende la emigración europea a Estados Unidos; aparecen nuevas redes de medio alcance intracontinentales en Sudamérica, África y Oriente Medio, incorporándose nuevos países como emisores y receptores; se intensifica la inmigración europea, procedente de la Europa periférica y de las antiguas colonias ya independientes; y, por último, se inicia un cambio de dirección en las migraciones intercontinentales que unen Sudamérica con Europa.

Quizá la novedad más espectacular de este período sea la incorporación de los países del Tercer Mundo a las redes migratorias internacionales. Se trata de un período en el que, por primera vez de forma voluntaria, los países menos desarrollados ejercen no sólo de emisores, sino también de receptores de importantes flujos migratorios, estableciéndose redes regionales de corta distancia entre este tipo de países. Es el caso de Argentina en Sudamérica, hacia la que emigrarán chilenos, bolivianos y paraguayos. En África aparecen como centros de inmigración local Sudáfrica, Nigeria y Mauritania. En Oriente Medio encontramos que los países árabes productores de petróleo se afirman con fuerza como centros de atracción de mano de obra asiática y norteafricana.

El tráfico de trabajadores hacia Europa se intensifica de modo desconocido hasta la fecha. A pesar del descenso de migraciones en el período de entreguerras, y de que se habían dado por concluidas las migraciones hacia el continente por estimar que las precedentes se debieron a condiciones irrepetibles, una nueva oleada de inmigración tuvo consecuencias inesperadas. Alentadas por los propios países europeos como mano de obra transitoria, los trabajadores extranjeros terminaron por asentarse definitivamente conformando importantes minorías étnicas en el interior de Holanda, Gran Bretaña, Alemania o Francia. Es el caso de los conocidos como «trabajadores invitados», por un lado, y los inmigrantes procedentes de las ex colonias que se dirigieron hacia sus antiguas potencias coloniales.

Tras la guerra varios países pusieron en marcha sistemas de reclutamiento de trabajadores en connivencia con los países emisores. Así, Gran Bretaña, Bélgica, Francia, Suiza, Holanda y Alemania reclutaron trabajadores desde Italia, Grecia, España, Portugal, Yugoslavia, Marruecos, Turquía y Túnez. Con este sistema se contrataba mano de obra temporal, impidiendo la reunificación familiar y el asentamiento. Las condiciones eran pactadas entre país emisor y receptor. Pero el traslado temporal terminó convirtiéndose en definitivo, pese a los fuertes controles que gravitaban sobre los trabajadores invitados. Las esposas conseguían reunirse con sus maridos, formando unidades familiares con hijos nacidos en suelo europeo. Ante esta situación y como resultado de la crisis internacional del petróleo se cerraron las fronteras europeas, limitando extremadamente los flujos. Pero los inmigrantes formaban ya importantes minorías étnicas en el seno de los países europeos con derechos consolidados.

Además de los trabajadores invitados, hubo en el período otra fuente importante de inmigración hacia Europa: la procedente de las antiguas colonias. Así, emigraron a Gran Bretaña irlandeses y gentes procedentes de la Commonwealth (Caribe, subcontinente indio y África). En 1981 había en el país 1,5 millones de inmigrantes procedentes de las antiguas colonias británicas. La mayoría de ellos fueron inmigrantes espontáneos. A Francia llegaron, también de forma voluntaria, argelinos, marroquíes, tunecinos, senegaleses y mauritanos. A Holanda, por la misma razón, llegaron indonesios y caribeños.

Por su parte, Estados Unidos, Canadá y Australia restringieron su inmigración controlando las afluencias y estableciendo cupos por orígenes étnicos. Hacia Estados Unidos descendió de forma natural la inmigración europea. Se restringió la asiática y se potenció, con la fórmula del trabajo temporal reclutado, la afluencia de mexicanos y caribeños. En conjunto descendieron los flujos. Si en la década de 1901 a 1910 se incorporaron en torno a 900.000 inmigrantes, en la década de 1961 a 1970 el flujo descendió a poco más de 300.000. Canadá cerró sus fronteras a los inmigrantes no europeos en 1945 y sólo en 1966 las volvería a abrir a éstos.

Si bien los movimientos migratorios que predominaron en este período fueron de naturaleza económica y laboral y, por lo tanto, de carácter más o menos voluntario, no podemos olvidar la gestación paralela de un problema social que ha ido adquiriendo dimensiones ya casi incalculables. Nos referimos a las migraciones forzadas de refugiados y desplazados. A lo largo del presente siglo se ha ido tejiendo una cada vez más espesa red de desplazamientos de esta naturaleza como consecuencia de las grandes convulsiones políticas y bélicas que ha conocido la comunidad internacional en este corto espacio de tiempo. Lo que se inició como restringidos movimientos relativamente aislados en el seno del continente europeo, ha terminado por constituir un problema que afecta a casi todos los rincones del planeta.

Durante las primeras décadas del siglo XX este tipo de desplazamientos tuvo su origen en los conflictos armados, el fraccionamiento de los imperios y Estados, el nacionalismo violento y los regímenes dictatoriales del continente europeo. El Convenio de Lausana de 1923 estipuló el intercambio obligatorio de población entre Grecia y Turquía: 1.300.000 griegos y unos 400.000 turcos debieron regresar a sus países de origen. Tras la revolución rusa de 1917, millón y medio de rusos se vieron obligados a huir del país, dispersándose por Europa y Extremo Oriente. Las dictaduras de España, Italia y Alemania produjeron también un buen número de refugiados. Es el caso de millón y medio de alemanes, en su mayoría judíos, que entre 1933 y 1939 debieron abandonar su país. La Segunda Guerra Mundial originó el desplazamiento más numeroso de refugiados que hasta entonces se había conocido. Cuarenta millones y medio de europeos se encontraban desplazados de sus hogares tras el conflicto bélico; de ellos, más de un millón y medio procedentes del Este rehusaron la repatriación.

Durante la segunda mitad del siglo el problema de los refugiados se ha ido extendiendo por todo el mundo, aumentando en volumen y complejidad y trasladándose hacia los países más pobres del mundo. En Europa, y hasta fechas recientes, el movimiento de refugiados se limita al goteo continuado de ciudadanos del Este que huyen del régimen comunista, a excepción de los acontecimientos de Checoslovaquia en 1948 que originaron la huida de 60.000 refugiados, y la revolución húngara de 1956 que obligó a 200.000 ciudadanos a abandonar el país.

Los conflictos bélicos y las persecuciones políticas, étnicas y religiosas empiezan a cambiar de escenario. En los años cuarenta y cincuenta Asia conoce diversas escisiones de antiguos Estados; los refugiados se cuentan por millones. La división de la India en 1947 en dos Estados, India y Pakistán, produjo un intercambio de 15 millones de personas entre ambas fracciones. La división de Corea en 1945, con la implantación de dos regímenes políticos enfrentados, generó el traslado forzoso de cinco millones de coreanos con dirección Norte-Sur. Otro tanto sucedió en Vietnam en 1954. En este caso el desplazamiento Norte-Sur se cifró en un millón de vietnamitas. Pero quizá sea el caso de los refugiados palestinos el más llamativo de los originados en esta década. Desde la guerra entre árabes e israelíes de 1948 cientos de miles de refugiados palestinos se han visto obligados a desplazarse hasta cuatro veces a lo largo de su vida. En 1993 eran 2,7 millones los palestinos que vivían desplazados en Cisjordania, Jordania, Gaza, Siria y Líbano, siendo ya la cuarta generación la que vive instalada en campos de refugiados con tutela internacional.

Durante los años sesenta y setenta la descolonización de numerosos países africanos, como Argelia, Angola, Ruanda o Zaire, se produjo en medio de revueltas sociales y desórdenes violentos, generando cientos de miles de refugiados en el propio continente. Durante la guerra fría la rivalidad entre las superpotencias se puso de manifiesto en su intervención en conflictos internos de terceros países, generalmente de África y Asia, incrementando con ello su grado de violencia. Son los casos de Afganistán, Camboya, Angola o Mozambique, entre muchos otros.

Cabe decir que el caso de los refugiados y desplazados presenta tintes dramáticos inexistentes en otros tipos de migraciones. A diferencia del emigrante voluntario, el refugiado se ve obligado a abandonar su país porque en él corre peligro su propia vida o su integridad física. Por otro lado, los movimientos de refugiados suelen producirse súbitamente y en situaciones sociales

Figura 2.2 Principales tipos y corrientes migratorias modernas. Industrialización de Occidente, 1850-1920

Movimientos anteriores

— Mantenimiento de la red de trabajadores asiáticos y de la emigración europea hacia América y Oceanía.
— Intensificación de las colonizaciones europeas de países africanos y sudamericanos.

TRÁFICO DE TRABAJADORES (hacia colonias europeas)

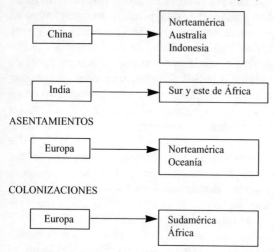

ASENTAMIENTOS

COLONIZACIONES

Nuevos movimientos

MIGRACIONES ECONÓMICAS (intraeuropeas)

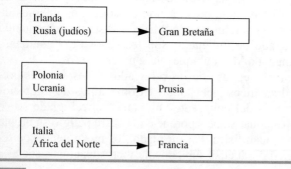

Figura 2.3 Principales tipos y corrientes migratorias modernas. Consolidación de Occidente, 1945-1973

Movimientos anteriores

— Desaparece la red de trabajadores asiáticos.
— Desciende la emigración de Europa hacia América y Oceanía.
— Se intensifica la inmigración europea.

Nuevos movimientos

INMIGRACIÓN EUROPEA

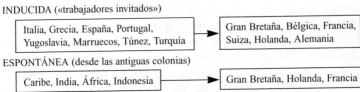

INDUCIDA («trabajadores invitados»)

| Italia, Grecia, España, Portugal, Yugoslavia, Marruecos, Túnez, Turquía | ▶ | Gran Bretaña, Bélgica, Francia, Suiza, Holanda, Alemania |

ESPONTÁNEA (desde las antiguas colonias)

| Caribe, India, África, Indonesia | ▶ | Gran Bretaña, Holanda, Francia |

CREACIÓN DE REDES REGIONALES EN PAÍSES MENOS DESARROLLADOS

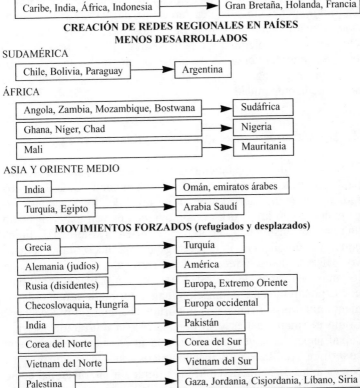

SUDAMÉRICA

| Chile, Bolivia, Paraguay | ▶ | Argentina |

ÁFRICA

Angola, Zambia, Mozambique, Bostwana	▶	Sudáfrica
Ghana, Níger, Chad	▶	Nigeria
Mali	▶	Mauritania

ASIA Y ORIENTE MEDIO

| India | ▶ | Omán, emiratos árabes |
| Turquía, Egipto | ▶ | Arabia Saudí |

MOVIMIENTOS FORZADOS (refugiados y desplazados)

Grecia	▶	Turquía
Alemania (judíos)	▶	América
Rusia (disidentes)	▶	Europa, Extremo Oriente
Checoslovaquia, Hungría	▶	Europa occidental
India	▶	Pakistán
Corea del Norte	▶	Corea del Sur
Vietnam del Norte	▶	Vietnam del Sur
Palestina	▶	Gaza, Jordania, Cisjordania, Líbano, Siria

de gran tensión: conflictos armados, revueltas sociales violentas, instalación en el poder de regímenes autoritarios, persecuciones de carácter político, ideológico, religioso o étnico, etc. Consecuencia de ello es la indefensión jurídica en que el refugiado se encuentra en su propio país, requiriendo, por tanto, la protección de otro país o de la propia comunidad internacional. Se trata de desplazamientos masivos desde un mismo lugar de origen en los que no hay tiempo para la planificación, por lo que el lugar de destino generalmente suele ser incierto. Por contra, en las migraciones voluntarias el emigrante planifica la partida eligiendo un destino en donde considera que mejorará su calidad de vida. Las causas son generalmente económicas, aunque puede haberlas de otra naturaleza, pero entre ellas no se incluye la amenaza directa a la pérdida de la propia vida, sino la mejora de sus condiciones. Las migraciones forzadas, en tanto que desplazamientos humanos, comparten con las voluntarias todos los aspectos antes mencionados de complejidad y repercusiones sociales, pero en tanto que movimientos forzados desplegados en condiciones dramáticas para sus protagonistas, constituyen uno de los problemas más serios de la humanidad.

3. Migraciones contemporáneas (desde 1973)

Durante los últimos veinticinco años se han consolidado nuevas pautas migratorias internacionales que han contribuido a que los movimientos migratorios asuman un nivel de globalización nunca conocido en la historia. Los movimientos han experimentado una gran extensión tanto en lo que se refiere a volumen de flujos como a la ampliación de redes migratorias, incorporándose nuevos países emisores y receptores, así como a la diversificación de los tipos y formas de migrar. Estas nuevas pautas migratorias, que expondremos a continuación, han contribuido a que el fenómeno migratorio alcance una importancia social sin precedentes. Como afirman Castles y Miller (1993), la migración internacional jamás ha tenido tanta difusión, ni ha sido tan importante en términos políticos y socioeconómicos como lo es actualmente. Nunca antes se había percibido la migración internacional como un problema que afectase a la seguridad nacional y en estrecha

Figura 2.4 Stock de población migrante en el mundo. Estimaciones en millones de personas

Año	Países desarrollados	Países en desarrollo	Total
1965	31,4	44,5	75,9
1975	38,3	46,3	84,6
1985	47,9	57,6	105,5
1990	53,5	66,1	119,6
1995	57,5	67,5	125,0

FUENTES: 1965, 1975, 1985: ONU; 1990: National Geographic Society; 1995: Martín y Widgren (1996).

relación con el conflicto a escala global. La seña de identidad de las actuales migraciones internacionales es su carácter global, afectando directamente a más y más países y regiones y unidas a complejos procesos que afectan al mundo entero.

Tres son las dimensiones en las que se percibe esta generalización del fenómeno migratorio en el mundo contemporáneo: crecimiento constante del volumen de migrantes, la ampliación de las redes migratorias y la diversificación de los tipos migratorios.

Incremento del volumen de migrantes. Según diversas estimaciones, el volumen de población migrante en el mundo no ha dejado de aumentar durante las últimas décadas. Así, si en 1965 se estimaba que casi 76 millones de personas residían en un país diferente al de su nacimiento, en 1995 dicha cifra alcanzaba a 125 millones (fig. 2.4).

Cabe decir que los movimientos migratorios, en contra de la opinión generalizada, no afectan en exclusiva a los países desarrollados en calidad de receptores, sino que las redes establecidas entre las propias zonas menos desarrolladas han elevado el número de inmigrantes establecidos dentro de ellas por encima de la inmigración de los países más poderosos. Atendiendo a la evolución de la inmigración en las diferentes áreas geográficas del mundo, se observa que todas, sin excepción, incrementan sus efectivos inmigrantes entre 1965 y 1995. Es más, son los países en vías de desarrollo los que soportan mayor volumen de población inmigrante, en buena medida debido al fuerte control y restricción de afluencias migratorias que están desarrollando los países más poderosos de Occidente durante las últimas décadas.

En la evolución de las afluencias de inmigrantes registradas durante los últimos años en los países occidentales de mayor inmigración se percibe el efecto de las políticas de control mencionadas. Australia reduce desde 1989 la recepción de inmigrantes anuales. Canadá y Estados Unidos experimentan fluctuaciones importantes, si bien durante el último año registrado parece producirse una recuperación en el incremento de afluencias. Alemania, por su parte, presenta una reducción de sus flujos a partir del máximo histórico de 1992. No obstante, y a pesar de que parecen disminuir las afluencias de inmigrantes en estos países, debemos tener en cuenta que la evolución presentada para Canadá, Australia y Estados Unidos sólo tienen en cuenta los asentamientos permanentes. Los datos relativos a las afluencias transitorias de inmigrantes a estos países indican que este tipo de inmigración está en claro aumento.

En el conjunto de los 15 países de la UE, el incremento de los flujos se percibe a través de la evolución del número de extranjeros residentes que ofrece el EUROSTAT. Así, si en 1985 había registrados más de 13 millones de extranjeros en el total de los 15 países de la Unión (lo que suponía un 3,6% de la población total), en 1994 la cifra ascendía a más de 17 millones. El aumento no sólo es de volumen, sino también de proporción, ya que este sector de población supone el 4,6% del total de la UE. A ello debemos añadir que la población inmigrante que más ha crecido es la originaria de países extracomunitarios: en 1985 había 7,5 millones de estos residentes, mientras que en 1994 la cifra de extranjeros originarios de terceros países residiendo en la UE ascendía a más de 11,5 millones.

Cabe decir, por último, que las cifras y estimaciones de los flujos migratorios y de los stocks de inmigrantes no tienen en cuenta el fenómeno de la inmigración clandestina. Se trata de unos movimientos y asentamientos que, por definición, no están registrados en las estadísticas, pero sobre los que, a pesar del desconocimiento de su alcance, existe un acuerdo entre los expertos en afirmar que su incremento está llegando a ser preocupante.

Ampliación de las redes migratorias. Durante los años ochenta y noventa se han intensificado las redes que existían previamente, han aparecido y consolidado múltiples redes intrarregionales, y se han incorporado numerosos países a las mismas, ya sea como emisores o como receptores, conformando todo ello un tupido entramado de flujos migratorios internacionales.

A pesar de las restricciones, Europa, Norteamérica y Australia consolidan su posición como regiones receptoras de migración internacional. En el caso de Europa, a los países de mayor tradición inmigratoria (cuyas afluencias siguen aumentando) se añaden otros, como Italia y España, cuyas trayectorias han cambiado radicalmente en unos pocos años: de ser tradicionalmente emisores de mano de obra se han consolidado como importantes plazas de destino migratorio internacional. Así, en 1986 se contabilizaron más de 450.000 extranjeros residiendo en Italia (un 0,8% de la población total), mientras que diez años más tarde, en 1996, los extranjeros ascendían a más de un millón, suponiendo el 2% de la población total. En el caso de España, en 1986 residían legalmente 293.000 extranjeros (el 0,8% de la población total), mientras que en 1996 este dato ascendía a 539.000 (un 1,3% de la población). Estados Unidos y Australia incrementan el número de países de los que reciben inmigrantes. Al primero se incorporan inmigrantes de Centroamérica, del Caribe y de Asia en mucha mayor medida que antes; al segundo llegan numerosos inmigrantes asiáticos, fundamentalmente chinos. Con todo ello crecen, de nuevo, las migraciones transoceánicas. Oriente Medio, concretamente los países productores de petróleo, se consolida como centro receptor de emigrantes procedentes de países colindantes y en África aumentan las redes internas que se multiplican por toda la zona. Buena parte de estos flujos se deben a los refugiados del propio continente.

En general dominan las redes sur-norte y las transoceánicas, seguidas de las producidas en el interior de Asia y en el interior de África. Los noventa incorporan una novedad: la inmigración este-oeste, como consecuencia de la caída del muro de Berlín, la desaparición de la Unión Soviética y los conflictos étnicos producidos en la zona. En este sentido, Alemania, Suiza y Dinamarca son los principales receptores de inmigrantes procedentes de la antigua Yugoslavia y de la antigua Unión Soviética.

Diversificación de los tipos migratorios. Si bien la motivación prioritaria de los desplazamientos internacionales contemporáneos sigue siendo la de carácter económico, esto es, la búsqueda de mejores condiciones de vida, de ingresos más altos o simplemente de un trabajo del que no se dispone en origen, en los últimos años están aumentando considerablemente otras formas de migrar que antes, o no existían, o eran numéricamente marginales. Uno de esos casos es el de los refugiados y desplazados.

a) *Refugiados y desplazados.* Durante el período anterior los movimientos originados por las guerras, las «limpiezas étnicas», los conflictos, expulsiones y persecuciones de todo tipo iniciaron un proceso de incremento imparable. Actualmente se multiplican por todo el planeta, dejando tras de sí un reguero creciente de refugiados, desplazados y exiliados por toda la comunidad internacional. Si bien este tipo de desplazamientos no es nuevo en la Historia, lo cierto es que en las últimas décadas los problemas que los generan han ido aumentando, afectando a un volumen cada vez mayor de gente y a un mayor número de países. Este problema está adquiriendo tal magnitud en el mundo contemporáneo que muchos ya se refieren a él como «la crisis de los refugiados» (ACNUR, 1995; Loescher, 1993; Meissner *et al.,* 1993; Papademetriou, 1994...). Si en 1960 el ACNUR estimaba que había un total de 1,4 millones de refugiados en el mundo, la estimación para 1995 era de 27 millones, entre refugiados en sentido estricto, desplazados internos y otras situaciones de dependencia. Al aumento espectacular del número de refugiados en unas pocas décadas hay que añadir la diversificación de sus orígenes y la extensión incontrolada de las situaciones que generan la huida de gentes en busca de refugio. Lo que en la primera mitad de siglo fue un movimiento restringido fundamentalmente al ámbito europeo, en la actualidad alcanza a todo el planeta.

Este problema, cuyas dimensiones se gestan a partir de la segunda mitad del siglo, alcanza en los noventa al propio corazón europeo, sin dejar de expandirse por todas las regiones del mundo. Los casos de Armenia, Azerbaiyán, Bután, Birmania, Etiopía, Georgia, Irak, Sri Lanka, Sudán y la antigua Yugoslavia se encuentran entre los más sangrantes. Los refugiados de la ex Yugoslavia pasaron de 500.000 en 1991 a 3,6 millones en 1993, la mayoría de ellos bosnios. En 1991 los kurdos que se dirigieron hacia las fronteras con Turquía e Irán, cercados por el ejército iraquí, ascendían a 1,8 millones. En marzo de 1992 llegaban a la frontera con Kenya una media diaria de 3.000 somalíes. A finales de 1992 la guerra entre Azerbaiyán y Armenia había provocado más de 800.000 refugiados y desplazados internos.

Casos como éstos se repiten incesantemente en todo el mundo. Los refugiados han dejado de ser una anécdota puntual para convertirse en un problema permanente y universal. Ante las graves consecuencias políticas y económicas de estos desplazamientos, la comunidad internacional se ha visto obligada a articular un vasto mecanismo de ayuda y cooperación, en la mayoría de los casos de carácter exclusivamente humanitario. La primera medida que se adoptó en este sentido tuvo lugar en 1921 con la creación del Alto Comisionado para los Refugiados Rusos. En 1947, cuando la Sociedad de Naciones dio paso a la nueva organización de Naciones Unidas, se creó la Organización Internacional de Refugiados (OIR), cuya misión era proteger a los ya existentes y a los producidos como consecuencia de la Segunda Guerra Mundial. La guerra fría impuso una nueva estrategia: la acogida permanente de quienes no pudieran volver a su país por miedo a la persecución política, ideológica, racial, étnica o religiosa. En 1951 se creó la Oficina del Alto Comisionado de las Naciones Unidas para los Refugiados (ACNUR), cuyos objetivos prioritarios eran proporcionar protección internacional y buscar soluciones a las situaciones que producían refugiados. Al tiempo que se creaba el ACNUR se celebró en Ginebra, en julio de 1951, la Convención sobre el Estatuto de los Refugiados, de la que resultó un tratado internacional con carácter vinculante. Los dos elementos fundamentales del tratado son la propia definición de la figura del refugiado, ya no vinculada a ningún grupo humano específico, y el principio de «no repatriación» (*non-refoulement*). No obstante el ámbito de la definición del refugiado se limitaba exclusivamente a aquellos que sufrían persecución como consecuencia de los acontecimientos producidos antes del 1 de enero de 1951. Años más tarde se trató de paliar esta deficiencia, ya que el problema de los refugiados superaba ampliamente al definido por la Convención de Ginebra. Así, en diciembre de 1966 se adoptó en Nueva York el Protocolo sobre el Estatuto de los Refugiados, que entraría en vigor al año siguiente y en el que se suprimía la fecha límite para que alguien pudiera ser considerado refugiado. La Convención y su Protocolo son los instrumentos internacionales fundamentales por los que se regula la conducta de los Estados ante el problema universal de los refugiados. Si bien no establece un derecho de asilo, materia reservada a la soberanía de cada país, sí define los derechos mínimos para el trato de los refugiados.

Sin embargo la situación conflictiva específica de ciertas regiones del mundo obligó a reconsiderar la figura del refugiado definida por la ONU. Así, la Organización para la Unidad Africana (OUA) adoptó en 1969 la Convención de la OUA Reguladora de los Aspectos Específicos de los Problemas de los Refugiados en África. El refugiado ya no es considerado sólo aquel que huye de su país a consecuencia de la persecución, sino también «debido a una agresión externa, a la ocupación, a la dominación extranjera o a aquellos acontecimientos que perturben gravemente el orden público, ya sea en una parte o en todo el país de origen o nacionalidad». Por su parte, los países centroamericanos, junto a México y Panamá, adoptaron en 1984 la Declaración de Cartagena sobre los Refugiados, en la que se añadió a la definición establecida por la OUA el concepto de «violación masiva de los derechos humanos» para ser considerado refugiado y poder beneficiarse de la acogida de terceros países. Estas ampliaciones regionales del concepto de refugiado no son vinculantes a nivel internacional, por lo que, si bien establecen una mayor cobertura propia de la amplitud y variedad de situaciones adversas, generan una situación ambigua por la que una persona puede ser considerada como refugiada en un país pero no en otro.

A pesar de que el reconocimiento internacional de que la situación de los refugiados merecía el reconocimiento de derechos específicos se originó en un contexto europeo, el problema de los refugiados, tal y como hemos comentado, se ha extendido por todo el planeta, afectando en la actualidad a los países del llamado Tercer Mundo de forma mayoritaria. Son los países más pobres los que más refugiados generan, pero también los que más refugiados y desplazados acogen, lo cual puede sorprender a quien piense en un Occidente acogedor y defensor a ultranza de los derechos humanos. Lo cierto es que el problema de los refugiados escapa actualmente a las posibilidades humanitarias del

ACNUR. Según este organismo es necesario cambiar la estrategia de la comunidad internacional y pasar de una actitud pasiva de acogida y/o protección de las personas que huyen de la barbarie a otra más activa de mediación y resolución de los conflictos que generan las actuales masas de refugiados y desplazados.

b) *Tipos resultantes de las políticas de inmigración.* La creciente presión hacia el control de los flujos migratorios que preside la política de extranjería en Occidente está generando, por sí misma, otros tipos de movimientos, como son los casos de la *inmigración clandestina* y de la *reagrupación familiar.* Esta tendencia a la restricción de las entradas de inmigrantes, así como a su control y planificación, no es nueva en la historia. De todos es conocida la política de cupos de Estados Unidos, Canadá o Australia, o incluso el cierre de fronteras a ciertos tipos de inmigrantes que se produjo tras la Segunda Guerra Mundial. Europa también ha conocido una política restrictiva. Los países europeos que recibieron gran cantidad de inmigración en los años cincuenta y sesenta terminaron por establecer de forma individualizada unas políticas basadas, fundamentalmente, en las siguientes líneas de actuación: restricción drástica de las entradas (anulación de tratados bilaterales, generalización de visados para países extracomunitarios...), selección escrupulosa de los inmigrantes (mediante cupos en función de las necesidades del mercado de trabajo, exigiendo medios económicos superiores a la media nacional, favoreciendo la entrada de los más «asimilables»...), políticas de integración de los residentes hasta hace muy poco basadas en su asimilación (favoreciendo el retorno de los «inasimilables») y férreo control de los flujos migratorios mediante la dotación de amplios medios económicos, técnicos, humanos y legales a las policías fronterizas. La Unión Europea como tal, ha presentado sucesivas tentativas de establecer una política comunitaria al respecto, con el fin de hacer más efectivas las filosofías restrictivas y asimilacionistas de los países más afectados por la inmigración extracomunitaria. La constitución del grupo de Trevi (1976) o la construcción del *espacio* Schengen (1985), con sus acuerdos respectivos, pertenecen a este tipo de iniciativas. La práctica del reforzamiento de las fronteras exteriores, a la vez que el desmantelamiento de las interiores, ha llevado a generar una imagen de Europa como *fortaleza* infranqueable para ciertos tipos de inmigrantes. Puesto que las causas más sangrantes de las migraciones permanecen invariables, los intentos de cruzar fronteras también permanecen invariables. Unos se quedan en el camino, pero muchos otros se introducen tanto en Europa como en Estados Unidos o en otros países con restricciones fronterizas, engrosando las listas de los *indocumentados* o *clandestinos*. Sólo los más afortunados consiguen un estatus legal de residente extranjero, trabajador inmigrante o refugiado político.

Además de las políticas de control de la inmigración, las políticas de integración de los extranjeros ya residentes configuran un segundo pilar del tratamiento de la extranjería. En este sentido Occidente ha percibido que un elemento prioritario para poder hablar de vida digna es la reunificación familiar. Se reconoce que los inmigrantes tienen el derecho a vivir con su familia, y dado que muchos trabajadores y trabajadoras extranjeras llegaron a sus destinos sin ella, se han puesto en marcha mecanismos específicos para conseguir la reunificación familiar. De hecho, una de las grandes corrientes migratorias actuales se corresponde con este movimiento tendente a reunir al trabajador con sus familiares más directos.

c) *Otros tipos migratorios en ascenso.* Además de las crecientes migraciones forzadas, encontramos nuevos desplazamientos voluntarios como consecuencias de la globalización de la economía a nivel planetario o del crecimiento del nivel de vida de algunos países. Así, se incrementan los desplazamientos *selectivos*, esto es, de personal cualificado que se sigue del movimiento de capitales y empresas. Lo que en otros momentos históricos se denominó *fuga de cerebros*, en general dentro del contexto de la *guerra fría*, hoy día se está configurando como un amplio movimiento de capital humano que trasciende las fronteras nacionales. Si bien aún no cuenta con atención suficiente por parte de los especialistas en migraciones internacionales, lo cierto es que su creciente consistencia como tipo migratorio ya está llamando la atención de algunos investigadores. Cabe decir, como hipótesis razonable, que las causas de este desinterés por la migración cualificada, o procedente de países del primer mundo, se debe más a factores ideológicos y a estereotipos dominantes sobre el sujeto migrante (incluso entre los investigadores) que al propio volumen de los movimientos. Un dato interesante, además de cercano, avala tal afirmación: del total de extranjeros residentes censados en España en 1991, más de la mitad eran originarios de países de la Unión Europea. Ahora bien, tales ciudadanos ¿son considerados inmigrantes entre nosotros, o son sencillamente extranjeros? Los estudios realizados tanto por el CIRES como por el CIS en relación a las actitudes hacia la inmigración nos confirman la diferente percepción que existe entre la ciudadanía española de la inmigración en función del nivel de desarrollo del país de origen. A ello añadimos que la legislación vigente favorece la «invisibilidad» estadística, o por lo menos la gran opacidad, de este colectivo de extranjeros.

Otro nuevo tipo migratorio, en tanto que asentamientos de cierta entidad numérica, es el de la llamada *tercera edad*. Cada vez es mayor el número de gentes procedentes de países desarrollados que, una vez jubilados e inactivos, pasan largas temporadas residiendo en otros con mejores condiciones climáticas e incluso económicas. España es uno de los destinos de este tipo de migración que más fuerza está adquiriendo en las últimas décadas, hasta el punto de llegar a generarse importantes comunidades de alemanes y nórdicos en localidades del Mediterráneo español.

Así, nos encontramos con un panorama migratorio actual cuya extensión, volumen y diversidad no ha conocido, a juicio de muchos (Findlay, 1990; Portes y Böröcz, 1989; Salt, 1989...), precedentes similares en la historia[2].

Resultado de todo este entramado de movimientos voluntarios, inducidos y forzados, así como de su crecimiento constante, ha sido la formación de importantes minorías étnicas en el seno de los países europeos y el incremento de la diversidad de orígenes en los países del Nuevo Mundo, conformando un Occidente con un intenso multiculturalismo de hecho. Este fenómeno, constitutivo de los llamados «países de inmigración» desde sus orígenes modernos (Estados Unidos, Canadá, Australia), está calando incluso en aquellos que se creían más resguardados frente a ciertos tipos de diversidad. Así, a la heterogeneidad histórica de Europa debe añadirse ahora la provocada por los intensos movimientos migratorios que incorporan a este «viejo» continente cada vez más portadores de culturas lejanas.

Figura 2.5 Principales tipos y redes migratorias internacionales contemporáneas, década de 1990

MIGRACIONES VOLUNTARIAS
(económicas)

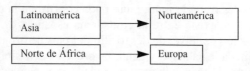

Latinoamérica Asia	→	Norteamérica
Norte de África	→	Europa

MOVIMIENTOS FORZADOS
(intensificación de redes regionales de movimientos)

ÁFRICA

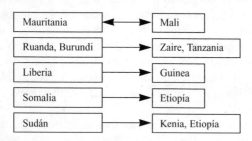

Mauritania	←→	Mali
Ruanda, Burundi	→	Zaire, Tanzania
Liberia	→	Guinea
Somalia	→	Etiopía
Sudán	→	Kenia, Etiopía

EUROPA

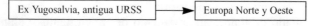

Ex Yugosalvia, antigua URSS	→	Europa Norte y Oeste

AMÉRICA

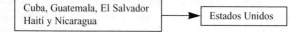

Cuba, Guatemala, El Salvador Haití y Nicaragua	→	Estados Unidos

3. Enfoques teóricos y metodológicos

1. Migraciones y ciencias sociales

Como cualquier acontecer que afecta a lo humano, los diversos aspectos derivados de los movimientos migratorios han sido objeto de reflexión desde los inicios conocidos de la Historia. En especial la figura del extranjero y el concepto de la diversidad humana. La tragedia griega, de la mano de Esquilo y su obra *Las suplicantes*, narra la primera historia que expresa el concepto y tratamiento de lo extranjero en los albores de nuestra civilización: la epopeya de las *Danaides*, nativas egipcias que llegan a Argos, y cuya leyenda data, presumiblemente, del siglo VI a.C. A partir de este hito, Julia Kristeva (1991) propone un peculiar «viaje a través de las figuras históricas de la extranjería». Desde la introducción del concepto de *bárbaro* a consecuencia de las Guerras Médicas (s. V. a.C.) hasta la disputa entre el particularismo romántico y el universalismo ilustrado (s. XIX), pasando por el cosmopolitismo griego, el universalismo estoico, el humanismo cristiano, la *Utopía* de Tomás Moro o el Yo Universal de Montaigne, Kristeva nos introduce en un conjunto variopinto de modos en que nuestros antepasados han concebido y tratado la extranjería. Algo similar aborda Tzvetan Todorov con su obra *Nosotros y los otros* (1991), si bien éste se propone un diálogo con los pensadores franceses que reflexionaron sobre la diversidad humana durante los siglos XVII al XIX. No cabe duda de que la filosofía ha encontrado en estos temas un verdadero cauce para la reflexión, asunto que retomaremos más adelante.

Ahora bien, el tratamiento de los movimientos migratorios como fenómenos sociales, así como de sus causas y consecuencias, ha ido parejo, naturalmente, con el propio desarrollo de las ciencias sociales. En este sentido, el análisis de las migraciones humanas es relativamente reciente, acorde con la juventud de estas disciplinas en tanto que métodos y fuentes de conocimiento científico. Como objeto de estudio social, las migraciones tienen un conocido pionero en el siglo XIX: E. G. Ravenstein.

Desde que Ravenstein formulara, en 1885 y 1889, sus conocidas *leyes de las migraciones*, esta parcela del comportamiento social no ha dejado de suscitar interés por parte de los científicos sociales. Ya en nuestra introducción indicábamos el continuo crecimiento de análisis, reflexiones y estudios empíricos en torno a las migraciones humanas, generando múltiples redes y foros de discusión. Ello, decíamos, ha posibilitado su institucionalización como objeto de estudio especializado en el seno de las ciencias sociales. Ahora bien, a pesar de este crecimiento en los estudios del tema, cabe decir que hoy por hoy no existe una teoría general de las migraciones que explique sus causas, y mucho menos sus consecuencias, en un conjunto explicativo global. ¿En qué consiste, pues, la multiplicidad de estudios que generan las ciencias sociales sobre los movimientos migratorios? Básicamente podemos decir que existen, y han existido, tres estrategias generales de análisis e investigación o, si se prefiere, tres caminos diferentes desde los cuales aproximarse científicamente al estudio de las migraciones.

Una primera estrategia para abordar el conocimiento de las migraciones humanas es la de elaborar estudios de casos específicos, más cercanos a la etnografía y/o sociografía que a la sociología. Se podría decir que es la estrategia más abundante en la actualidad, generando multiplicidad de análisis de realidades concretas, tanto desde una perspectiva cuantitativa como cualitativa (pero siempre empírica) que toman como objeto de estudio alguno de los elementos siguientes:

— Colectivos concretos de inmigrantes (según ciudadanía; lugar de nacimiento, cultura, etnia, religión, etc.);

— Comunidades concretas de recepción (países, regiones, municipios o incluso barrios);

— Dimensiones específicas del fenómeno (identidades colectivas, racismo, mercado de trabajo, situación de las mujeres inmigrantes, etc.);

— Conjunciones de elementos anteriores; por ejemplo: el análisis de las condiciones de trabajo de un colectivo de inmigrantes en un municipio concreto, o el estudio de las pautas de fecundidad en determinadas mujeres inmigrantes en un enclave específico de inmigración.

Una segunda estrategia de investigación, también muy abundante en la actualidad, es la de realizar análisis de carácter estructural global en base a datos estadísticos y cuantitativos relativos a la inmigración en un determinado contexto regional o nacional (flujos, stocks y características de los inmigrantes, su evolución en el tiempo y la comparación con otros contextos). Es ésta también una perspectiva empírica.

Por último, una tercera forma de abordar el estudio de las migraciones es desde la perspectiva teórica. La producción teórica en torno a las migraciones es sensiblemente inferior a la empírica, a lo que hay que añadir que ésta aborda aspectos parciales del fenómeno migratorio resultando, de ello, una constelación de teorías de grado medio aún no imbricadas en una (o varias) teoría(s) general(es). A ellas nos dedicamos a continuación.

Antes de presentar las líneas fundamentales de las diferentes teorías migratorias de grado medio cabe hacer algunos comentarios sobre su clasificación. Cuando hablamos de teorizaciones parciales, nos estamos refiriendo a que éstas toman como núcleo central de la reflexión una dimensión, en este caso del conjunto del proceso migratorio, de sus causas y de sus consecuencias. En función de la dimensión abordada existen, a su vez, diversas clasificaciones de las teorías existentes. Ya que no podemos exponer todas las clasificaciones elaboradas nos vamos a centrar en dos, pues, aunque cada una de ellas por sí sola presenta, a nuestro juicio, vacíos importantes, éstos se pueden solventar con una combinación de ambas, dando como resultado un panorama global que, entendemos, recoge lo más esencial de la producción teórica migratoria. Dichas clasificaciones son la elaborada por Portes y Bach en su obra *Latin Journey* (1985) y la que presentan Massey, Arango, Hugo, Kouaouci, Pellegrino y Taylor en su artículo para la *Population and Development Review* en 1993, titulado «Theories on international migration: a review and appraisal». Ambas clasificaciones tienen en cuenta las aportaciones teóricas producidas, predominantemente, desde mediados del presente siglo, ya que con anterioridad el estudio de las migraciones estuvo presidido por un único paradigma dominante: el de la economía clásica que dio como resultado la conocida teoría del *push-pull*. Así, pues, la producción teórica más relevante sobre las migraciones humanas quedaría resumida en la figura 3.1, en donde se incorporan las teorías tenidas en cuenta por ambas clasificaciones citadas, a las que añadimos los trabajos pioneros de Ravenstein y la teoría clásica del *push-pull* dominante durante la primera mitad del siglo XX.

Massey y sus colegas incorporan en su clasificación más enfoques teóricos relativos a la perdurabilidad de los movimientos migratorios que Portes y Bach pero, sin embargo, no tienen en cuenta los modelos teóricos relativos a la incorporación de inmigrantes a las sociedades receptoras. En cuanto a las funciones de las migraciones, cabe decir que, más que teorías específicas migratorias, lo que Portes y Bach clasifican son interpretaciones que sobre los efectos económicos de las migraciones se desprenden de paradigmas económicos más globales. En cualquier caso, mantenemos la diferenciación establecida por los autores porque la consideramos más interesante desde un punto de vista didáctico, ya que destacan una dimensión importante de los movimientos migratorios: su repercusión sobre las diferentes economías.

En el apartado siguiente se presentan las líneas fundamentales de cada una de estas interpretaciones teóricas a excepción de los modelos de integración, ya que abordan una problemática para la cual reservamos el capítulo siguiente: las implicaciones sociales de la inmigración.

Figura 3.1 Principales teorías migratorias

Siglo XIX: Las «leyes» de Ravenstein		
1ª mitad del siglo XX: Teoría del *push-pull*		
2ª mitad del siglo XX:		
Dimensión	**Clasificación de Massey y otros (1993)**	**Clasificación de Portes y Bach (1985)**
INICIO DEL MOVIMIENTO MIGRATORIO/ CAUSAS DE LAS MIGRACIONES	Economía neoclásica Macronivel (TODARO) Micronivel (BORJAS)	Tª del mercado de trabajo (TODARO y BORJAS)
	Nueva economía (STARK)	
	Tª del mercado dual (PIORE)	Tª del mercado dual (PIORE)
	–	Tª de orientación marxista (CASTLES y KOSACK)
	Tª del sistema mundial (WALLERNSTEIN)	Tª de la interdependencia mundial (WALLERNSTEIN)
PERDURABILIDAD DE LOS MOVIMIENTOS/ MANTENIMIENTO DE LOS MOVIMIENTOS	Tª de las redes sociales (MASSEY)	Tª de las redes sociales (MASSEY)
	Tª institucional	
	Tª de la causación acumulativa (MASSEY)	
	Tª de los sistemas migratorios (ZLOTNIK)	
		Tª del proyecto migratorio
FUNCIONES DE LAS MIGRACIONES (EFECTOS SOBRE LA ECONOMÍA)		Teorías del consenso
		Teorías del conflicto
		Teorías del conflicto sostenido
INTEGRACIÓN DE LOS INMIGRANTES (MODELOS)		Asimilación
		Melting pot
		Pluralismo

2. Teorías relativas al proceso migratorio

2.1 Las leyes de la migración de Ravenstein

El primer intento conocido de generalizar sobre las migraciones humanas fue el del geógrafo inglés George Ravenstein. Partiendo de un análisis minucioso de los censos ingleses del siglo pasado llegó a elaborar, más que una teoría, un conjunto de generalizaciones empíricas sobre las migraciones que reunió en un artículo publicado en el *Journal of Royal Statistical Society* en 1885 con el título «The Laws of Migration». Cuatro años más tarde, en 1889, Ravenstein presentó otro artículo bajo el mismo nombre, en el que incorporó los hallazgos obtenidos de más de veinte países a los obtenidos en el primer trabajo, confirmando, en esencia, los resultados obtenidos en 1885. Dichos resultados se pueden resumir en las siguientes constataciones que Ravenstein denominó *Leyes*.

a)   Existe una relación entre la migración y la distancia recorrida, de manera que a mayor distancia menor era el volumen de desplazamientos efectuados. Así, el mayor número de migraciones correspondían a desplazamientos cortos, disminuyendo su volumen a medida que aumentaba la distancia recorrida. Por otro lado, aquellos migrantes que recorren largas distancias lo hacen atraídos por grandes centros industriales y comerciales.

b)   Migración por etapas. Los movimientos migratorios hacia los grandes centros industriales y comerciales se producen por etapas cuando la distancia a recorrer desde el origen hacia el destino es larga. Así, los desplazamientos se producen desde los lugares más pobres hacia los centros más inmediatos de absorción, y desde éstos a otros más grandes y atrayentes, y así sucesivamente, produciendo movimientos de cortas distancias desde los lugares más remotos hacia los centros de absorción más inmediatos hasta llegar a los lugares de mayor atracción inmigratoria.

c)   Corriente y contracorriente. Cada flujo migratorio produce una contracorriente compensatoria.

d)   Diferencias en la propensión a migrar en los medios rural y urbano. Según los datos manejados por Ravenstein, se percibía una mayor propensión a emigrar en el medio rural que en el medio urbano.

e)   Las migraciones son fundamentalmente masculinas. Las mujeres migrantes, por su parte, prefieren recorrer distancias cortas.

f)   Tecnología y migración. Existe una relación clara entre estos factores, de manera que a mayores y mejores medios de transporte se producen mayores flujos migratorios.

g)   Dominio del motivo económico. Según los datos manejados por Ravenstein, se percibía un claro predominio de los desplazamientos originados por factores económicos. Según él mismo comentaría: leyes malas y opresivas, un clima poco favorable, contextos sociales desfavorecedores e incluso hechos como el tráfico de esclavos han producido, e incluso siguen produciendo flujos migratorios, pero ninguno de esos factores puede compararse con el deseo inherente a muchos hombres de mejorar su nivel de vida material en lo que se refiere al volumen de desplazamientos migratorios generados.

El camino iniciado por Ravenstein sería seguido por numerosos investigadores y teóricos sociales. Conforme las propias migraciones han ido evolucionando y cambiando de características han ido apareciendo nuevos paradigmas o enfoques teóricos a partir de los cuales comprender los movimientos migratorios en sus diferentes dimensiones, aspectos o subprocesos. No obstante, hasta mediados del siglo xx el paradigma dominante en la economía de la época impregnó profundamente la reflexión sobre los comportamientos migratorios, esencialmente en lo relativo a sus causas. Nos referimos a la teoría clásica o teoría de los factores *push-pull*.

2.2 Teoría de los factores *push-pull*

Como decíamos, hasta mediados del siglo xx la teoría migratoria estuvo dominada por un enfoque que armonizaba fácilmente con los parámetros básicos de la economía política de la época: racionalismo, individualismo y liberalismo. Se concibe al hombre como un ser libre y racional que elige entre diferentes alternativas para conseguir los resultados más ventajosos con el menor coste posible. En este contexto desarrolló Ravenstein sus trabajos sobre las migraciones, constituyendo éstos la base empírica sobre la que se construiría el modelo explicativo migratorio de mayor impacto sobre la comunidad científica. Es el modelo de los factores *push-pull*. El modelo se basa en una serie de elementos asociados al lugar de origen que impelen (*push*) a abandonarlo al compararlos con las condiciones más ventajosas que existen en otros lugares (factores *pull* asociados al posible destino). En medio de estos factores se encuentra el sujeto que los valora y toma una decisión: emigrar o quedarse. La decisión de emigrar queda, entonces, limitada a las motivaciones individuales de los migrantes, presuponiendo una total libertad de acción. Así, factores de expulsión son una elevada presión demográfica, falta de acceso a la tierra, bajos salarios, bajos niveles de vida, falta de libertades políticas, represión, etc. Por contra, factores de atracción asociados al potencial lugar de destino serían los contrarios: disponibilidad de tierra, demanda de mano de obra, buenos salarios, elevados niveles de vida, libertades políticas, etc.

Las críticas hacia este modelo de los factores *push-pull* se centran en su ahistoricidad e individualismo, así como en no tener en cuenta el entorno social y político en el que se desenvuelven los procesos migratorios, limitando la libertad de acción de los sujetos. Por otro lado, las investigaciones demuestran la incapacidad de este modelo de explicar determinadas circunstancias que se producen de hecho. Por ejemplo, según el modelo propuesto sería la gente más pobre de los países menos desarrollados la que emigraría buscando mejores condiciones de vida. La realidad, sin embargo, demuestra que no son los más pobres los que emigran, sino gentes de clases medias que se encuentran en países o zonas que están experimentando cambios sociales y económicos. Por otro lado, el modelo *push-pull* no explica por qué los migrantes eligen unos destinos y no otros, siendo de similares características. Por ejemplo, por qué los turcos eligen asentarse en Alemania más que en otros países europeos, del mismo modo que los argelinos eligen Francia como destino dominante, o los nativos del subcontinente indio el Reino Unido. El modelo, se dice, es demasiado simplista, y no tiene en cuenta que las migraciones no son fenómenos individuales, sino sociales.

2.3 Las causas de las migraciones

Con posterioridad al paradigma de la economía clásica, se fue reconociendo progresivamente que los movimientos migratorios no se generaban exclusivamente en la mente de sus protagonistas individuales, sino que compartían con otros fenómenos de gran calado su carácter profundamente social. Así, se fueron imponiendo con el paso del tiempo otro tipo de enfoques que acentuaban la influencia de factores estructurales, fundamentalmente de índole económica, sobre la pretendida libertad de elección, tanto en lo que respecta al acto de emigrar como a la propia elección del destino. Bajo un panorama de intensas migraciones económicas, los científicos sociales establecen en los desequilibrios de los mercados laborales las causas fundamentales de los movimientos migratorios. Bajo este enfoque causal, sin embargo, se reúne una gran diversidad de teorías de diferente orientación, desde las más funcionalistas y cercanas al modelo *push-pull* hasta las más críticas de orientación marxista.

La *teoría del mercado de trabajo*, capitaneada por los economistas Michael Todaro y George Borjas, y estrechamente relacionada con el modelo *push-pull* de corte funcionalista, considera que las migraciones humanas obedecen a las condiciones estructurales del mercado de trabajo mundial. Los movimientos se producirán desde donde existe un exceso de mano de obra hacia donde se produce falta de la misma. Las migraciones constituirían, entonces, un mecanismo equilibrador de los desajustes producidos en el mercado de trabajo mundial. Desde este punto de vista, la legislación gubernamental sobre flujos migratorios constituye un auténtico obstáculo para el equilibrio que éstos producirían de forma espontánea. Las migraciones, por tanto, poseen un claro beneficio funcional para el sistema económico mundial, así como para todos los elementos en él implicados, desde el momento en que benefician a los países emisores y receptores (equilibra los desajustes en el mercado de trabajo) y a los propios migrantes (que consiguen mejorar sus propias condiciones de vida).

La versión macroeconómica de esta teoría está liderada por Todaro, mientras que Borjas se centra más en sus aspectos microeconómicos. Este último resalta el mecanismo de elección individual que realiza el sujeto migrante ante las condiciones del mercado de trabajo internacional, evaluando y calculando los costes y los beneficios de su potencial acción migratoria. En cualquier caso ambas perspectivas han sido objeto de duras críticas. Entre las de mayor envergadura se encuentran dos. En primer lugar, no es correcto que el mercado de trabajo internacional se encuentre en una situación de libertad plena que pueda admitir una total movilidad de trabajadores. En segundo lugar se encuentra la constatación de que los trabajadores extranjeros, en la inmensa mayoría de los casos, no se incorporan al mercado de trabajo interno en las mismas condiciones que lo hace un trabajador autóctono[1].

Debido a estas y otras críticas recibidas, no han faltado autores que han revisado los presupuestos y mecanismos que ponen de manifiesto el papel fundamental del mercado de trabajo en la gestación de movimientos migratorios. Una de estas revisiones corresponde a la denominada *nueva economía de la migración* de Oded Stark. La diferencia más sustancial con las anteriores se ubica en el nivel microeconómico, esto es, en el sujeto de la decisión de emigrar. Para Stark no es el sujeto individual el que elabora las estrategias migratorias para mejorar sus condiciones de vida materiales, sino la familia. Los movimientos migratorios son el resultado de una acción colectiva ubicada en el seno familiar. Dicha acción no es unitaria, sino que se diversifica. Ante una situación económica adversa, la familia reacciona desarrollando diversas estrategias de supervivencia y generando diferentes tipos de migraciones. En unos casos la emigración puede ser colectiva, tendiendo al asentamiento estable en el lugar de destino; otras familias, sin embargo pueden decidir enviar fuera a uno de sus miembros de forma transitoria.

Por su parte, la conocida como *teoría del mercado dual*, cuyo máximo representante es Michael Piore, constituye también una revisión de la anterior en lo que respecta a sus componentes macroeconómicos. Piore hace hincapié en la desigualdad de los mercados de trabajo nacionales; éstos no conforman una unidad igual para todos los trabajadores, sino que están compuestos por dos niveles: uno inferior para los trabajadores foráneos y otro superior para los trabajadores nativos. Los factores determinantes de los movimientos migratorios ni son la elección racional y libre de los sujetos (sean éstos individuales o colectivos), ni los elementos asociados a las sociedades emisoras (*push*). Son, más bien, los requerimientos estructurales de las economías de las sociedades receptoras; esto es, los factores *pull*. A juicio de Piore, los movimientos migratorios son originados, fundamentalmente, por la crónica e inevitable necesidad de mano de obra de las sociedades más desarrolladas; necesidad fundamentada en cuatro características estructurales de las economías más avanzadas:

a)   La inflación estructural. Los salarios no son libres y no pueden fluctuar en función de las condiciones de la oferta y demanda de trabajo. Existen legislaciones, sindicatos, etc., que limitan la libertad de modificación de salarios. Si un empresario requiere trabajadores que desempeñen tareas de bajo estatus no puede ofrecer salarios altos para atraerlos, puesto que hay una jerarquía sociolaboral que presiona en el sistema tendente, en caso de darse tal situación, a subir el resto de salarios de las jerarquías más altas. Las rentas deben ser incrementadas —dirá Piore— proporcionalmente a través de la jerarquía laboral en orden a mantener las expectativas sociales, un problema conocido como inflación estructural (Piore, 1979). La alternativa es atraer a trabajadores de otros lugares (que se encuentren fuera de las expectativas sociales de la sociedad autóctona) que acepten desempeñar tareas de bajo prestigio a cambio de salarios bajos.

b)   Problemas motivacionales. En las sociedades económicamente más avanzadas, en las que además existen sistemas de protección social, los trabajadores no sólo aceptan puestos de trabajo a cambio de retribuciones económicas. El estatus social es también importante. En los niveles más bajos del mercado de trabajo las posibilidades de movilidad ascendente son muy reducidas actualmente. Los empresarios requieren para estos segmentos del mercado de trabajo un tipo de trabajador que escasea entre los naturales de este tipo de sociedades: los que desempeñen un puesto de trabajo a cambio de un salario exclusivamente. Este tipo de trabajador se encuentra con más facilidad entre los extranjeros procedentes de países menos desarrollados. Las diferencias de salarios y nivel de vida entre las diferentes regiones del mundo posibilita que ciertos inmigrantes extranjeros perciban los bajos salarios como generosos, comparándolos con los de su país de origen. Puesto que no es fácil que lleguen a sentirse plenamente pertenecientes a la sociedad receptora, no les importa desempeñar trabajos de bajo estatus; sus motivaciones son otras y diferentes de las de los trabajadores nativos. De hecho, para muchos de ellos, a juicio de Piore, tener un trabajo remunerado en un país extranjero supone renta y estatus en el propio.

c) Dualismo económico. Los mercados de trabajo internos sufren los efectos de la dualización entre capital y trabajo característica de las economías avanzadas. El capital es un factor fijo de producción, de forma que si no se rentabiliza una vez lanzado al proceso productivo, los costes de su infrautilización recaen sobre la propia producción. El trabajo es un factor variable cuyos costes de infrautilización (desempleo) no recaen sobre la producción, sino sobre el propio trabajador. El empresario buscará, por tanto, optimizar los recursos económicos antes que los laborales, creándose una dualización en la utilización de recursos: por un lado se produce una corriente productiva destinada a asegurar la optimización del capital invertido en aquellos aspectos más básicos de la producción, mientras que se destina otra estrategia productiva a la optimización de los recursos humanos caracterizada por los componentes fluctuantes y estacionales de esa misma producción. Esta dualización entre capital y trabajo llega a afectar a los propios trabajadores, puesto que divide al mercado de trabajo en dos segmentos diferenciados: el segmento primario (en donde se concentra la producción estable destinada a rentabilizar el capital) y el segmento secundario (destinado a procesos más inestables). El segmento primario está constituido por puestos de trabajo cualificados, bien remunerados y estables; el secundario lo forman aquellos trabajos de menor cualificación y mayor inestabilidad. El segmento secundario del mercado de trabajo será el que sufra las consecuencias de las fluctuaciones propias de los ciclos económicos. Así, el dualismo entre capital y trabajo se extiende al mundo laboral, segmentando en dos el propio mercado de trabajo. Los bajos salarios, la escasa cualificación, el bajo estatus social y la inestabilidad propias del segmento secundario difícilmente atraerá a los trabajadores nativos, siendo el mercado de trabajo externo la única vía posible para cubrir estas necesidades.

d) La demografía de la fuerza de trabajo. Los tres factores apuntados más arriba generan una clara y permanente demanda de trabajadores extranjeros por parte de las economías receptoras. Tales trabajadores se ubicarán en el segmento secundario del mercado de trabajo. En otros momentos históricos, este segmento estaba ocupado por los sectores sociales nativos más desfavorecidos: las mujeres y los jóvenes adolescentes. Tanto unas como otros han desempeñado tradicionalmente los trabajos menos estables y peor pagados, pues su trabajo y salarios eran considerados, por distintas causas, como un complemento transitorio de la economía familiar. Tres acontecimientos sociodemográficos han truncado esta tendencia en las sociedades avanzadas occidentales: la presión de las mujeres para una participación sociolaboral más igualitaria; el incremento del número de divorcios, que convierten muchos casos de trabajo femenino en el único sustento familiar; y la disminución del número de nacimientos que, junto con las mayores expectativas educativos, eliminan una buena porción de trabajo juvenil. Con todo ello, el segmento secundario del mercado de trabajo está preparado para aceptar a trabajadores que cumplan sin problemas las condiciones requeridas: los trabajadores extranjeros.

A diferencia de otras teorías económicas precedentes, las argumentaciones de Piore ponen de manifiesto el papel clave que juegan las economías de los países receptores en la propia génesis de los actuales movimientos migratorios. Los movimientos migratorios no son, por tanto, mecanismos tendentes a mitigar los desequilibrios de la economía mundial, sino más bien un elemento que tiende a perpetuarlos.

Siguiendo las líneas argumentales de la teoría del mercado dual, los sociólogos británicos Stephen Castles y Godula Kosack acentúan este carácter dual y lo reinterpretan bajo un prisma marxista. Las *teorías de orientación marxista* inciden en los beneficios que, para las economías capitalistas, genera una clase trabajadora dividida a causa de la segmentación del mercado de trabajo. El mercado dual debilita a la clase obrera al dividirla en dos subestratos: el de los nativos y el de los foráneos, lo cual reporta beneficios al sistema capitalista mundial. De ahí el interés por mantener un enclave laboral específico para los inmigrantes que, aún siendo de condiciones inferiores al de los nativos, sigue ejerciendo una fuerza de atracción para potenciales inmigrantes.

Del mismo modo, las *teorías de la interdependencia* o del *sistema mundial* también dedican parte de sus análisis sociales a los movimientos migratorios. Como las orientaciones precedentes, éstas consideran los desplazamientos como consecuencia de los desequilibrios económicos mundiales. Pero tales desequilibrios no son de índole doméstica, sino fruto de la división internacional del trabajo que mantiene a una parte del planeta en el subdesarrollo y sometida funcionalmente a la parte más poderosa que conforma el primer mundo. Las migraciones, lejos de establecer un equilibrio, contribuyen a aumentar las desigualdades dejando al tercer mundo aún más inerme para abordar su propio desarrollo y potenciando el de los más poderosos al incrementar su mano de obra barata. No obstante, este tipo de teorías incide más sobre las consecuencias y funcionalidad de las migraciones que sobre sus causas.

2.4 Mantenimiento de los movimientos migratorios

Existe otro entramado de teorías que centran sus explicaciones en el proceso de mantenimiento o perdurabilidad de las corrientes migratorias, entendidas bajo su dimensión social y colectiva, una vez que éstas han sido iniciadas. Sobre este aspecto hay dos posturas diferenciadas. Mientras unas interpretaciones ligan la perdurabilidad o cese de los movimientos al propio proyecto migratorio, otras entienden que el proceso de la migración es flexible y dinámico, en el que pueden irrumpir factores novedosos que trunquen o cambien las expectativas individuales iniciales.

Las primeras, *teorías ligadas al proyecto migratorio*, están dedicadas a esclarecer las razones de la duración temporal de los movimientos migratorios, o lo que es lo mismo, su carácter transitorio o definitivo. Desde el punto de vista de las sociedades receptoras de inmigrantes, en Occidente existen dos contextos claramente diferenciados: el de los países de inmigración (el antiguo *Nuevo Mundo*: Estados Unidos, Australia, Nueva Zelanda y Canadá) y el de los países europeos. En el primer caso la inmigración ha sido, y es, esencialmente de carácter definitivo, mientras que en el continente europeo la inmigración dominante ha sido la transitoria o temporal. Este hecho, tomado como dato, ha orientado hacia diferentes caminos la explicación de la significación del retorno en las biografías de los migrantes. Las teorías de orientación eminentemente americana, conciben la migración como una experiencia fundamental en las vidas de las personas, por lo que le atribuyen un carácter definitivo. Lo natural es que el inmigrante se asiente definitivamente en su comunidad de adopción, adaptándose a ella y reorganizando su vida. El retorno es considerado un residuo de experiencias individuales fracasadas. Las teorías de orientación europea, por contra, conciben las migraciones como un elemento transitorio en las biografías personales, asociado a la búsqueda de objetivos concretos que permitan mejorar su situación en su tierra de origen (capitalización, formación...). Es precisamente el logro de estos objetivos el que explica el retorno de los inmigrantes a su tierra natal. Así pues, lejos de representar un fracaso, el retorno emerge como símbolo del éxito migratorio.

Esta perspectiva, sin embargo, debe enfrentarse a importantes críticas. En realidad, la perdurabilidad o no de los movimientos migratorios difícilmente puede depender de forma exclusiva del proyecto migratorio inicial de los sujetos migrantes. Y ello por varias razones. En primer lugar, porque muchas veces tal proyecto o no existe o no está definido claramente. En segundo lugar, porque, aun cuando lo haya, su ejecución no depende exclusivamente de la voluntad del migrante. Existen condicionamientos sociales que, más allá de las pretensiones individuales, presionan sobre los individuos impidiendo la realización de su proyecto o cambiando su dirección. Tales condicionamientos pueden estar asociados al origen, al destino y/o al propio migrante. Entre los factores asociados al origen se encuentran los motivos de la emigración. Los movimientos voluntarios pueden estar sujetos a un proyecto concreto, pero las migraciones forzadas poseen una clara orientación hacia el retorno. Por otro lado, las políticas migratorias de los países de origen pueden presionar hacia la perdurabilidad de los flujos, dado que en muchos casos éstos resultan beneficiosos para el país emisor. Entre los factores asociados al destino que pueden presionar a una mayor o menor duración de las estancias, con independencia del proyecto inicial, se encuentran las políticas de inmigración, las actitudes de las poblaciones autóctonas o la existencia de redes sociales de apoyo a las comunidades inmigrantes. La similitud cultural y/social entre las poblaciones de origen y destino también pueden operar sobre la perdurabilidad de las migraciones. Por último, las propias características del sujeto migrante también pueden contribuir a que la experiencia migratoria sea más o menos duradera, como son su propia cultura (mayor o menor facilidad de adaptación), la existencia o no de un proyecto migratorio sólido o las propias estrategias familiares de migración. En definitiva, son muchos los factores que contribuyen a la perdurabilidad o limitación en el tiempo de los movimientos migratorios, se entiendan éstos desde una perspectiva individual o colectiva; factores que, dicho sea de paso, son los que confieren a las migraciones su carácter social, trascendiendo las psicologías y voluntades individuales.

La segunda orientación teórica entiende, por su parte, que los desplazamientos pueden generarse por una gran variedad de razones, pero éstas pueden ser muy diferentes de las que los perpetúan a lo largo del tiempo y del espacio. Si bien las diferencias de rentas y salarios, las condiciones políticas o ambientales, o las necesidades de mano de obra del sistema económico internacional pueden seguir manteniendo los flujos ya iniciados, durante el propio proceso migratorio pueden incorporarse nuevas condiciones (inexistentes en su génesis) que colaboren en la perpetuación de los movimientos. Tal es el caso del desarrollo de redes sociales entre inmigrantes, del inicio de un apoyo social institucionalizado a los movimientos transnacionales de población o del significado social que adquieran en las sociedades receptoras los cambios en su mercado de trabajo. El conjunto de estos factores y sus efectos sobre la perdurabilidad de los movimientos existentes se aúnan en el proceso que Massey ha denominado como *causación acumulativa.*

La conocida *teoría de las redes sociales,* divulgada por Massey, insiste en la idea de que la duración del asentamiento no se determina exclusivamente en función del proyecto inicial y los objetivos en él trazados. Al igual que en la comunidad de origen, en la de destino los inmigrantes acceden a determinadas redes sociales que, en buen medida, influirán en su decisión de retornar o permanecer, haya o no alcanzado los objetivos prefijados de antemano. La estancia en la sociedad adoptiva genera nuevas relaciones sociales y familiares que el inmigrante valorará junto a las que abandonó en su día. Casarse y tener hijos en la nueva comunidad será un factor determinante para que la migración se convierta en definitiva, aun cuando sólo se haya proyectado para un corto período de tiempo. Por el contrario, el poseer una familia en origen que espera el retorno del emigrado servirá para que éste acorte lo más posible su estancia si no puede trasladarla consigo. Del mismo modo operan otros tipos de relaciones y lazos sociales, bien en el origen, bien en el lugar de destino. En suma, la generación de redes sociales en la comunidad de adopción reduce los costos y riesgos del desplazamiento, favoreciendo, con ello, el mantenimiento y la perdurabilidad del flujo migratorio.

La *teoría institucional*, por su parte, recalca el papel de las organizaciones voluntarias y de las instituciones privadas orientadas al apoyo de la población migrante en el mantenimiento de los flujos migratorios. Conforme se van asentando colectivos de inmigrantes en las sociedades receptoras van apareciendo, cada vez en mayor número, una serie de organizaciones humanitarias cuyo cometido es ayudar a los inmigrantes en gran variedad de frentes (asesoría legal, asistencia sanitaria, integración social, etc.) Tales asociaciones adquieren, con el paso del tiempo, un rango institucional, asentándose en la sociedad receptora y divulgando su existencia entre los diferentes colectivos de población inmigrante. Este proceso de crecimiento e institucionalización de las organizaciones voluntarias de apoyo a los inmigrantes tiene, a juicio de Massey, consecuencias sobre el mantenimiento de los flujos migratorios. A medida que se desarrolla este proceso, los flujos migratorios van independizándose de los factores que los originaron. Por otro lado, la extensión y desarrollo de organizaciones humanitarias dificultan la regulación y el control gubernamental sobre los flujos, en la medida que tales organizaciones ofrecen cada vez mayor resistencia a la instauración y despliegue de políticas de control de la inmigración.

La *teoría de la causación acumulativa* es una recopilación de los factores anteriormente citados a los que se les otorga la capacidad de transformar el proyecto migratorio inicial, operando como factores causales del sostenimiento del flujo una vez iniciado. Massey denomina causación acumulativa al fenómeno por el cual cada acto migratorio altera el contexto social originario dentro del cual se tomó la decisión de migrar. Esto es, cada acto genera consecuencias, por lo que el contexto migratorio cambia de forma continua a lo largo del propio proceso migratorio. En general, los científicos sociales, dirá Massey, establecen seis factores socioeconómicos que se ven alterados por las migraciones en este proceso acumulativo: la distribución de la renta, la distribución de la tierra, la organización de la agricultura, la cultura, la distribución regional del capital humano y el significado social del trabajo (Massey, 1990). En suma, la perspectiva de la causación acumulativa interpreta los movimientos migratorios desde un punto de vista esencialmente dinámico, en el que se acumulan los procesos, algunos de los cuales pueden ser formulados mediante las siguientes proposiciones:

a)   Los cambios sociales, económicos y culturales producidos por la migración internacional en los países emisores y receptores confieren un poder interno al movimiento que incrementa la resistencia a toda tentativa de control y regulación.

b)   Debido a los cambios de expectativas sociales, en los momentos de desempleo y pérdida de puestos de trabajo en las sociedades receptoras los gobiernos encuentran dificultades para reclutar mano de obra nativa para realizar trabajos que previamente han realizado los inmigrantes. En tales circunstancias, y de forma paradójica, se hace necesario mantener o reclutar más mano de obra inmigrante.

c)   La concentración de inmigrantes en ciertos tipos de trabajo conllevan a su etiquetado social como «trabajos de inmigrantes», lo cual dificulta el reclutamiento de trabajadores nativos para el desempeño de tales puestos de trabajo.

Para finalizar el apartado dedicado a las teorías relativas al mantenimiento de los movimientos migratorios presentamos brevemente una interpretación que pretende aunar todos estos procesos en un efecto insoslayable. Así, la *teoría de los sistemas migratorios*, liderada por Hania Zlotnik (1992), intenta recopilar los enfoques de las teorías de la interdependencia mundial, la teoría de las redes sociales, la de las instituciones y la de la causación acumulativa. Todas estas aportaciones teóricas sugieren que los flujos migratorios adquieren una estabilidad y estructura a lo largo del tiempo y del espacio, generando diferentes sistemas migratorios claramente identificables. Cada uno de estos sistemas migratorios internacionales posee un núcleo receptor, que puede estar constituido por un solo país o por un grupo de ellos, y un conjunto de países emisores ligados a este núcleo mediante grandes flujos migratorios generalmente estabilizados en el tiempo. La perspectiva de los sistemas migratorios genera interesantes hipótesis y proposiciones:

a) La formación de un sistema o red migratorio no se deriva tanto de la proximidad geográfica entre países emisores y núcleo receptor como de las relaciones políticas y económicas existentes entre esos países.

b) Los sistemas migratorios pueden ser multipolares, de forma que pueden estar formados no por un único núcleo central sino por un grupo disperso de núcleos receptores.

c) Cada país puede formar parte de más de un sistema o red migratoria.

d) La estabilidad de los sistemas migratorios no implica una estructura rígida e inamovible. En función de los cambios económicos y/o políticos, los países pueden generar nuevos sistemas, incorporarse a otros existentes o abandonar aquellos en los que se encontraban en otros momentos históricos [2].

2.5 Funciones de las migraciones

Como corolarios de algunos de los enfoques ya expuestos, las teorías sobre las funciones de las migraciones resaltan los efectos de los desplazamientos internacionales de mano de obra sobre las diferentes economías y sujetos económicos. En general se trata de explicaciones que forman parte de paradigmas económicos más globales, pero que presentamos separadamente, como lo hacen Portes y Bach, por estar referidas a un aspecto o dimensión esencial de la vida social. Nos estamos refiriendo a la funcionalidad de las migraciones como proveedoras de un *ejército de reserva industrial* altamente beneficioso para el sistema capitalista mundial.

La base de los estudios económicos sobre la inmigración reside en la reconocida funcionalidad de los movimientos de población. De esta premisa, según Zolberg, se siguen dos desarrollos teóricos bien distintos: uno de corte institucional y otro de carácter marxista (Zolberg, 1989). Según el primero, conocido bajo la denominación de *teorías del consenso*, los movimientos migratorios reportarían beneficios tanto para el país emisor como para el receptor. El segundo, *teorías del conflicto*, acentúa el carácter desigual del reparto de dicho beneficio, concentrándose no sólo en los países importadores de mano de obra (los más desarrollados) sino en su clase dirigente. En cualquier caso, las teorías económicas sobre la funcionalidad de la mano de obra extranjera comparten una misma constatación: la desigual posición del inmigrante extranjero en el mercado de trabajo nacional. Sus diferencias se dirimen en las consecuencias de los movimientos internacionales de mano de obra.

Con respecto al primer punto, cabe decir que las teorías de corte economicista coinciden también en las determinación de las causas que explicarían la incorporación de los trabajadores extranjeros en el estrato más bajo del escalafón sociolaboral. Las más frecuentemente invocadas giran en torno a cuatro puntos fundamentales, si bien éstos están íntimamente relacionados:

a) La baja cualificación de la mano de obra extranjera. El propio origen de los inmigrantes, zonas rurales de países no industrializados o poco desarrollados, va a determinar las características de su precaria adecuación a las necesidades laborales más cualificadas de la sociedad receptora: poca o ninguna educación, escasa o nula experiencia en actividades industriales y falta de comunicación al desconocer la lengua del país. Este hecho constatable en los países receptores de la Europa occidental está, sin embargo, muy relacionado con otros procesos paralelos: legislación y reclutamiento de una mano de obra beneficiosa para el país y la existencia de actitudes discriminatorias.

En general, la presencia masiva de trabajadores inmigrantes escasamente cualificados responde precisamente a la demanda de este tipo de trabajo, estableciéndose controles directos (permisos de residencia y trabajo) o indirectos (tratados bilaterales para labores estacionales, contratos firmados en el país emisor, etc.) para canalizar la afluencia de esta mano de obra útil para el país receptor. En este sentido, el acceso mayoritario de inmigrantes poco cualificados es un efecto directo de las políticas y demandas de los países receptores.

Pero no sólo es cierto que la cualificación de la mano de obra extranjera es inferior a la nativa, lo cual, por lo menos en un principio, determinaría su baja posición socioeconómica. Existe también un proceso de descualificación o proletarización de buena parte de los inmigrantes, consecuencia directa del prejuicio y la discriminación. Los propios defensores de esta corriente afirman la existencia de prácticas discriminatorias hacia los inmigrantes. Castles y Kosack, al analizar la situación de los trabajadores extranjeros en Gran Bretaña, encontraron que «muchos inmigrantes de color se han visto forzados a ocupar puestos inferiores a su nivel de cualificación profesional» (1973:110).

b) El carácter de transitoriedad de la mano de obra inmigrante. Una característica importante y general de la inmigración es su carácter temporal, derivado tanto de los propios fines y propósitos de los inmigrantes como de las políticas de reclutamiento e inmigración de las sociedades receptoras.

El inmigrante, generalmente, busca en el traslado una acumulación de riqueza suficiente para mejorar sus condiciones de vida en su lugar de origen. Ello tiene consecuencias claras en cuanto al desempeño de labores que, sin requerir cualificación, sean bien remuneradas: aceptación de trabajos peligrosos y amplia jornada laboral. Cuanto menor sea el tiempo de estancia, el inmigrante soportará mejor la ausencia de la familia y amigos, así como las largas jornadas de trabajo y las ínfimas condiciones de vida que a veces ha de soportar. Por otro lado, el deseo del retorno condiciona sus aspiraciones de integración, limitándolas a sus mínimos niveles: no necesitan aprender la lengua ni organizarse sindicalmente.

Otra causa de la transitoriedad de la inmigración puede encontrarse en la propia legislación del país de acogida. Las leyes de inmigración restringen el período de permanencia del inmigrante en base a contratos de trabajo específicos, otorgando permisos de residencia y trabajo generalmente sólo en aquellos casos en que se tenga un contrato (o bien se disponga de medios económicos para la estancia). Finalizado el período de trabajo contratado, el inmigrante suele ser devuelto a su país de origen. A esto hay que añadir que los empresarios reclutan a trabajadores extranjeros para trabajos específicos y de duración limitada. De este modo, se mantiene una mano de obra sumamente móvil y flexible a las necesidades coyunturales del país receptor, además de los beneficios económicos que reporta a los empleadores (frente a contratos más rígidos y regulados por fuerzas sindicales).

c) Como podemos comprobar, otra causa de la inferior situación del inmigrante con respecto al nativo se deriva de la legislación inmigratoria del país receptor. La legislación de la sociedad receptora en relación a la afluencia de gentes extranjeras determina, en última instancia, si el movimiento migratorio tendrá lugar y de qué tipo se va a tratar. A este respecto, Aristide Zolberg previene de la necesidad de introducir las políticas migratorias como objeto de estudio en las teorías sobre migración. Analizando los avances teóricos producidos en el último cuarto de siglo, se congratula de la toma de conciencia progresiva por parte de los estudiosos de que «precisamente el control de los Estados sobre los flujos migratorios es lo que define a la migración internacional como un proceso social distintivo» (Zolberg, 1989: 405). Estos análisis se inscriben dentro de una teoría global del desarrollo capitalista internacional. La función de las políticas migratorias es la de servir de muro de contención frente a la migración espontánea (fruto de las desigualdades mundiales), dejando libres unas pequeñas puertas que permiten flujos específicos y fuertemente controlados. Estos flujos van a limitarse a aquellos que realmente sean funcionales para las economías receptoras. La mano de obra aceptada por las democracias capitalistas será la que sirva para mitigar los desajustes coyunturales de sus economías, preservando a su vez el nivel de vida y el bienestar de sus ciudadanos. Así pues, la afluencia de mano de obra extranjera se limitará a la ocupación de los trabajos más indeseados, temporales y con ausencia de derechos políticos, e incluso a veces sindicales.

Fuertemente vinculado a este aspecto se encuentra el fenómeno de la inmigración clandestina. Además de las características específicas de los trabajadores extranjeros en situación de legalidad, los indocumentados suman a ellas una situación de sobreexplotación, derivada de la amenaza de expulsión inmediata y cuya consecuencia es una absoluta dependencia del empleador.

d) Una última causa de la posición social del inmigrante se deriva de las prácticas discriminatorias asociadas al prejuicio.

Curiosamente, los análisis sobre las causas económicas de la inferioridad del inmigrante en su posición social admiten la existencia del fenómeno discriminatorio como elemento asignador de una posición específica en la estructura social. Ahora bien, la lectura que los teóricos marxistas hacen del prejuicio racial o étnico es también de carácter estructural, es decir, basado en las relaciones de clase.

Todos los estudios sobre la estructura social y sobre políticas inmigratorias de los países receptores coinciden en señalar la existencia de prejuicio y discriminación. Los análisis estructurales advierten de la existencia de una estratificación social adicional a la de clase; los políticos, el carácter discriminatorio de las políticas de inmigración hacia ciertos grupos raciales. La característica común es la certeza de que dichas prácticas no constituyen casos aislados imputables a las personalidades individuales, sino un rasgo estructural de las sociedades importadoras de mano de obra extranjera.

De las situaciones descritas anteriormente se derivan unas consecuencias que demuestran la ventaja y el beneficio que reporta el mantenimiento estructural de semejante fuerza de trabajo. En este punto es donde las diferentes orientaciones teóricas ofrecen versiones bien diferentes.

Las *teorías del consenso* entienden que los movimientos de mano de obra cumplen una función positiva para todos los actores implicados en el proceso productivo. Son la consecuencia lógica de las teorías económicas liberales. Si bien reconocen que los inmigrantes, sobre todo cuando se trata de extranjeros, se incorporan a los escalafones más bajos del mercado de trabajo de las sociedades receptoras, con el paso del tiempo éstos pueden acceder al sistema de movilidad social ascendente dominante en las economías avanzadas occidentales. Según esta perspectiva, la adquisición de experiencia laboral, de nuevas habilidades o de mayor formación por parte de los trabajadores inmigrantes posibilitan, con el tiempo, su ascenso en la escala social, accediendo a puestos de trabajo mejor remunerados y con mayor prestigio social y dejando espacio libre a los nuevos inmigrantes. Así pues, los desplazamientos de mano de obra son beneficiosos para todos. Para las economías emisoras y receptoras, pues equilibran las diferencias de necesidad de mano de obra que existen a nivel internacional; para los trabajadores inmigrantes, pues mejoran sus condiciones de vida con respecto a su situación en origen, además de posibilitarles un proceso personal de ascenso social en destino; para los trabajadores nativos, pues la mano de obra inmigrante posibilita que éstos no tengan que realizar los trabajos más penosos y peor remunerados. Bajo esta perspectiva toda tentativa de control y regulación de flujos migratorios será considerada negativamente, ya que impediría el libre flujo de trabajadores a lo largo del mercado de trabajo internacional y reduciría los beneficios de una total libertad de movimientos.

Las *teorías del conflicto* constituyen un corolario del paradigma marxista. Asumen, al igual que las anteriores, que los trabajadores inmigrantes se incorporan al escalafón más bajo del mercado de trabajo, pero las repercusiones de tal incorporación no son tan optimistas como en la versión precedente. La afluencia de trabajadores inmigrantes genera un conflicto en el seno de la clase trabajadora, favoreciendo su escisión entre trabajadores nativos e inmigrantes. Por un lado, los inmigrantes pueden ser conscientes de su inferior posición en el mercado de trabajo, lo que genera recelo hacia los trabajadores nativos; por su parte, los trabajadores autóctonos pueden percibir a los inmigrantes como una competencia y, por lo tanto, como una amenaza relativa a sus puestos de trabajo. Así, la inmigración de trabajadores extranjeros tiene un efecto perverso en un primer momento: la división de la clase trabajadora en las sociedades receptoras. Esta división sólo puede ser beneficiosa para las clases capitalistas, pues en la medida en que la clase trabajadora esté dividida, su fuerza a la hora de ejercer una acción social contundente y significativa en pro de sus intereses se verá notablemente mermada. Por otro lado, las clases dirigentes estarían interesadas en mantener dicha división, favoreciendo la percepción social del inmigrante como competidor por los puestos de trabajo nacionales y como amenaza para el empleo de los nativos.

No obstante, este conflicto inicial puede ser superado en un segundo momento, cuando trabajadores nativos e inmigrantes comprendan que pertenecen a una misma clase social, que comparten los mismos intereses y que soportan una misma situación de asalariados. La búsqueda y la consecución de ese lugar común que les capacite para una acción unitaria solucionará el conflicto inicial entre ambos tipos de trabajadores, y es esta concienciación sobre la unidad la que debe primar en la acción colectiva de la clase trabajadora afectada por la incorporación de compañeros inmigrantes.

Otra versión de este enfoque marxista es la del *conflicto sostenido*. Comparte con las anteriores la percepción de la ubicación del trabajador extranjero en el mercado de trabajo nacional en inferioridad de condiciones y, con la precedente, el efecto que esto causa en el seno de la clase trabajadora. Pero, a diferencia de la perspectiva anterior, da mayor importancia al prejuicio étnico, razón por la cual entiende que el optimismo ante las posibilidades de resolución del conflicto intraclase no está justificado. Este conflicto es prácticamente insuperable debido a que los trabajadores extranjeros conforman no un estrato inferior en el seno de la clase trabajadora, sino una clase en sí misma: una infraclase. A la situación de trabajador se le une la de extranjero o la de su pertenencia a una minoría étnica, racial o cultural, que le separa irremediablemente del trabajador nativo.

En la medida en que los extranjeros son mal vistos, como consecuencia del prejuicio, los trabajadores autóctonos apoyan las políticas de discriminación de gobiernos y empleadores; la sobreexplotación de los inmigrantes, lejos de ser motivo de solidaridad, genera en la clase obrera cuando menos pasividad, cuando no aprobación; todo ello en pro de la defensa de sus intereses en tanto que ciudadanos nacionales. A pesar de compartir unas mismas condiciones de clase (salarización, no propiedad de los medios de producción), el proletariado nativo ve a los inmigrantes como competidores, alentado en esta actitud por la clase dirigente. Se produce así una situación ambigua entre inmigrantes y nativos: la presencia de los primeros es, a la vez, propiciatoria de una mejora de condiciones de trabajo para los nativos y, sin embargo, se experimenta como una amenaza para el nivel de empleo general. La aceptación de unas inferiores condiciones de trabajo por parte de los extranjeros es interpretada como un desafío a la dignificación del trabajo nacional, trasladando la hostilidad a los propios inmigrados sin tener en cuenta que es el sistema capitalista internacional el generador de este tipo de conflictos. Consecuencia de todo ello es la división irreconciliable de la clase trabajadora en dos estratos fuertemente diferenciados: los nativos y los inmigrantes. Así, a la estratificación social se le añade una estratificación étnica que enfrenta a ambos tipos de trabajadores y hace imposible la comunidad de intereses y la lucha conjunta contra la opresión de la clase dirigente. La inmigración tiene como consecuencia no una escisión momentánea de la clase trabajadora, sino una ruptura total del movimiento obrero, por lo que resulta positivamente funcional para el capitalismo mundial.

2.6 La integración de los inmigrantes: modelos teóricos

Si bien desarrollaremos en el próximo capítulo los aspectos relacionados con los efectos sociales de la incorporación de los inmigrantes a las sociedades receptoras, aportaremos en este apartado las líneas básicas de los modelos teóricos que se manejan a la hora de interpretar u orientar las formas de convivencia entre inmigrantes y autóctonos, dado que tales modelos constituyen también parte del entramado teórico que las ciencias sociales han producido en torno al fenómeno de las migraciones. Se trata, en este caso, de modelos de convivencia tipo-ideales. No son, por tanto, referentes empíricos, sino modelos que se han ido construyendo a partir de experiencias reales, fundamentalmente desde que en los años veinte los sociólogos de la Escuela de Chicago tomasen las riendas de la reflexión e investigación del problema que suponía la convivencia entre las diferentes razas que poblaban el suelo americano. Tales modelos cumplen la función de esquema o plantilla con el que comparar las situaciones reales, más que la de describir por completo y en su totalidad tales situaciones. El desarrollo de tales modelos lo presentaremos en el próximo apartado; baste ahora con presentar sus líneas maestras para conocer la esencia de sus diferencias.

Una vez producido el asentamiento de inmigrantes en la sociedad receptora, y supuesto que éste es de carácter permanente y de volumen importante, se plantea la forma en que adoptará la convivencia entre nativos y minorías extranjeras con diferencias raciales, culturales y/o étnicas con respecto a la sociedad principal. Tres modelos han surgido en el panorama teórico de las ciencias sociales: la asimilación, el *melting pot* y el pluralismo cultural.

Asimilación. Se trata del proceso de adecuación del inmigrante a la sociedad receptora. Este adquiere la cultura y costumbres de la comunidad de adopción, desapareciendo con ello su condición de «diferente». En la medida en que el inmigrante adopta la cultura de la sociedad receptora, ésta le admitirá como un miembro más, produciéndose su plena integración. El proceso adaptativo es unilateral y recae exclusivamente en la población inmigrante. Las teorías asimilacionistas han sido fuertemente criticadas no sólo desde un punto de vista ético, sino porque asumen como ciertos unos postulados que no parecen serlo tanto: la homogeneidad cultural de la sociedad receptora previa a la afluencia de inmigrantes, su existencia no conflictiva, y la asunción ingenua de que el inmigrante será aceptado por la sociedad receptora por el mero hecho de que éste adquiera su cultura, con independencia de su origen, raza o religión.

Melting pot. Este modelo de integración implica a todos los miembros de la sociedad (nativos y minorías) en la creación de otra nueva como resultado de la fusión de elementos culturales y raciales. El resultado sería una combinación de razas y culturas en la que todos habrían sido protagonistas, logrando con ello la plena adhesión y pertenencia de cada uno de los miembros de las culturas participantes en la construcción de la nueva sociedad. La experiencia señala, sin embargo, que si el *melting pot* ha podido ser un éxito con algunas minorías y en algunos aspectos culturales (fundamentalmente la gastronomía), el dominio de una cultura sobre las restantes en los aspectos sociales más importantes ha impedido el éxito del proceso a nivel global.

Pluralismo cultural. Según este modelo, más acorde con las situaciones de hecho y con la tendencia dominante de que ni nativos ni inmigrantes desean perder sus señas de identidad, la adaptación se produciría mediante la adhesión por parte de todos a unos principios comunes de convivencia, pudiendo mantener en ciertos niveles las peculiaridades culturales de cada colectivo y siempre que los conflictos que se pudieran derivar no afectasen a estos principios básicos de convivencia que son los que confieren sentido de comunidad y evitan la fragmentación social. De cualquier modo, el pluralismo cultural es más un ideal que una realidad, y si bien las minorías y la sociedad principal tienden a mantener sus culturas esto produce constantemente conflictos importantes en el seno de las sociedades multiculturales. El pluralismo cultural es, hoy por hoy, una situación de equilibrio inestable en la mayoría de las sociedades receptoras.

Una vez más, constatamos la complejidad del fenómeno migratorio y de sus consecuencias sociales. Antes de ocuparnos de tales implicaciones producidas por el asentamiento de población inmigrante en una sociedad dada, terminaremos este apartado haciendo unas breves, pero importantes, consideraciones metodológicas.

3. La medición de las migraciones; notas metodológicas

Al abordar las migraciones como proceso social insistíamos en la situación de indefinición conceptual en que se encontraban los movimientos migratorios como objeto de estudio. A ello hay que añadir la dificultad de su medida, tal y como han señalado algunos expertos [3]. Las dificultades de medición de los movimientos migratorios son debidas a varios factores que, mezclados entre sí, obstaculizan la elaboración de un diagnóstico preciso de la situación migratoria.

La primera dificultad la encontramos en el propio proceso que se quiere medir. Los movimientos migratorios constituyen un proceso polietápico y de gran dinamismo, lo que siempre dificulta su cuantificación en un momento determinado. Dos consideraciones debemos tener en cuenta al respecto: la dimensión en el tiempo sobre la que se va a realizar la medición y la etapa del proceso que es objeto de la medición. Con respecto a la primera, los movimientos migratorios admiten dos tipos de mediciones: los *flujos*, esto es, el registro de entradas y salidas de migrantes durante un período de tiempo determinado; y los *stocks*, o volumen de población inmigrante que reside en una sociedad en un momento concreto. El registro de flujos corresponde a una dimensión dinámica de los movimientos, mientras que el registro de stocks corresponde a una dimensión estática y hace referencia a una situación migratoria en un momento determinado. Es necesario tener en cuenta esta diferenciación a la hora de registrar movimientos migratorios o a la hora de interpretar estadísticas sobre migraciones.

Figura 3.2 Medición de flujos migratorios

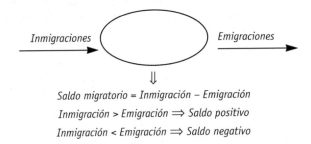

Saldo migratorio = Inmigración – Emigración

Inmigración > Emigración ⟹ Saldo positivo

Inmigración < Emigración ⟹ Saldo negativo

Desde el punto de vista de una sociedad determinada, las estadísticas sobre movimientos migratorios suelen tener en cuenta ambas dimensiones: la estática y la dinámica. Así, los registros de flujos normalmente hacen referencia al conjunto de *movimientos* (entradas y salidas) producidos durante un año natural, desde el 1 de enero hasta el 31 de diciembre. Las estadísticas sobre los stocks hacen referencia al volumen de *población inmigrante* residente en un país (o comunidad receptora) en un momento determinado, normalmente a 31 de diciembre de cada año. Así, la cifra de inmigrantes residentes en un momento dado es el resultado de flujos previos y de la duración de los asentamientos. Nótese algo muy importante: los registros de flujos tienen como objeto de la medición los *movimientos* o *desplazamientos* efectuados en un contexto concreto, no a personas migrantes (una misma persona puede realizar diferentes movimientos en un año natural); los registros de stocks tienen como objeto a *personas*, puesto que lo que se contabiliza es el volumen de población inmigrante que reside en un país o comunidad dada en un momento determinado.

La segunda consideración a tener en cuenta hace referencia a la etapa del proceso migratorio objeto de la medición, cuestión que, por definición, sólo afecta al registro de flujos.

Como ya sabemos, un movimiento migratorio se compone de diferentes etapas y momentos. Teniendo en cuenta una sociedad determinada, ésta puede estar afectada por dos momentos migratorios: salidas o emigraciones y entradas o inmigraciones. La diferencia entre entradas y salidas nos da lo que se denomina *saldo migratorio*.

Así, el *saldo migratorio* es el número de entradas menos el número de salidas, configurando un elemento de crecimiento demográfico (o decrecimiento, en su caso) a añadir al crecimiento natural de una población (nacimientos menos defunciones). El crecimiento natural de población y el saldo migratorio configuran el crecimiento vegetativo (aumento o disminución total) de una población en un año determinado. El saldo migratorio será positivo cuando el número de entradas a la comunidad receptora es mayor que el número de salidas; esto es, el país o comunidad recibe más gente de la que pierde a causa de los movimientos migratorios. El saldo migratorio será negativo cuando el número de salidas (emigraciones) supera al número de entradas (inmigración), perdiéndose población con respecto al período anterior a causa de los movimientos migratorios habidos.

La segunda dificultad para la medición de los movimientos migratorios se deriva de las características de los sujetos migrantes y su relación con el país o comunidad de origen y de destino. Esta dificultad afecta tanto a flujos como a stocks.

A la hora de elaborar estadísticas sobre movimientos migratorios, desde el punto de vista del receptor o destino se suelen hacer clasificaciones en función del origen de los flujos o de los inmigrantes. Ahora bien, existen diferentes criterios para esta clasificación. Estos criterios pueden ser los siguientes:

— El lugar de origen del desplazamiento
— El lugar de nacimiento del inmigrante
— La nacionalidad del inmigrante

Normalmente estos tres criterios suelen coincidir en un mismo movimiento, pero no siempre es así. Pongamos un ejemplo. Una persona nace en Argentina, tiene nacionalidad española por ser hija de españoles, reside en Francia por cuestiones de trabajo y, en un momento dado, cambia de residencia y se instala en Dinamarca. Este último movimiento, a registrar como inmigración en Dinamarca, puede ser clasificado de tres maneras diferentes a pesar de corresponder a una única persona. Si la clasificación de los flujos (o stock) se hace en función del país de origen, este movimiento o migrante será incluido entre los movimientos procedentes de Francia (pues el desplazamiento se origina en este país); si se hace en función del país de nacimiento del inmigrante, será Argentina el país registrado; mientras que si se clasifica por nacionalidad del inmigrante, el país de referencia será España. Es fundamental, por tanto, indicar con claridad y saber en todo momento cuál es el criterio de clasificación que se está utilizando en el registro y medición de los movimientos migratorios en función de su origen. De lo contrario pueden producirse graves errores de interpretación de flujos y/o de stocks de inmigrantes.

La tercera dificultad, o fuente de posibles errores en el registro, la cuantificación y, sobre todo, la comparación de movimientos migratorios entre diferentes contextos de recepción, se deriva de la falta de acuerdo en la categorización de los movimientos como internos o externos.

Las estadísticas sobre movimientos migratorios y sobre población inmigrante suelen ser también clasificadas en función del ámbito en el que se ha desarrollado el movimiento. Así, como decíamos en nuestro primer capítulo, las migraciones suelen considerarse internas cuando la comunidad emisora y receptora pertenecen al mismo país, mientras que el término externas se reserva para aquellas migraciones en las que la comunidad emisora y receptora pertenecen a diferentes países (llamadas también, por este motivo, internacionales). Ahora bien, dado que el concepto interno-externo es de suyo relativo, en ocasiones, cuando la agencia productora de información estadística pertenece a un ámbito inferior al estatal, la aplicación de estos términos suele ser bien diferente. Así, por ejemplo, en el caso de la Comunidad Autónoma del País Vasco el organismo autonómico dedicado a la elaboración de estadísticas para el ámbito de la comunidad autónoma vasca (EUSTAT) utiliza los términos de migraciones internas y externas tomando como referencia la propia comunidad autónoma. De este modo, las migraciones internas son aquellas registradas en el interior del País Vasco, mientras que los movimientos que se producen entre la CAPV y otro lugar ajeno al territorio (bien sea cualquier municipio español o de fuera de España) son considerados externos. Si tal hecho no se tiene en cuenta, la lectura, interpretación y comparación de estadísticas sobre movimientos migratorios puede resultar cuando menos farragosa, si no errónea.

Otro factor que contribuye a complejizar la elaboración, interpretación y, sobre todo, comparación de estadísticas migratorias entre diferentes contextos, se deriva de la introducción de nuevas clasificaciones de los movimientos a consecuencia de la creación de espacios de movilidad diferenciados. Un ejemplo lo constituye la Unión Europea. Los acuerdos de movilidad geográfica en el seno del espacio de la Unión establecen una diferenciación entre migrantes que no se reduce a una simple nominalización, sino que implica una diferencia de estatus entre los migrantes que se traduce en una diferenciación de derechos de movilidad y de ciudadanía. Así, se hace necesario distinguir entre inmigrantes que llegan a un país de la UE en función de si son ciudadanos de otro país de la Unión o si lo son de terceros países. Dicha diferenciación se aprecia en las propias estadísticas migratorias de la Unión Europea (elaboradas por el EUROSTAT), en las que se distingue entre migraciones o inmigrantes comunitarios (con libertad de movimientos) y migraciones o inmigrantes no comunitarios (sujetos a las leyes migratorias del país receptor). Esta terminología trata de evitar la confusión con los conceptos de migraciones internas y externas, ya que en el caso de elaborar estadísticas migratorias tomando como unidad geográfica de recepción el conjunto de la UE, las que se producen entre dos países de la Unión también podrían denominarse «internas» y el resto «externas». De este modo, a las primeras las denominan «comunitarias» y a las segundas «extracomunitarias» o «no comunitarias».

Existen otros aspectos en el quehacer de las mediciones de los movimientos migratorios que obstaculizan no ya la elaboración de un diagnóstico migratorio en un contexto de emisión o de recepción determinados, sino la comparación de estadísticas entre diferentes países y, como resultado, la elaboración de un diagnóstico migratorio a nivel internacional global. Entre otros, podemos citar los siguientes hechos: muchos países no elaboran estadísticas migratorias; en otros casos éstas no son fiables; en muchos otros las categorías utilizadas no coinciden (por lo que es imposible hacer agregaciones multinacionales); en otros, en fin, las fechas de la recogida de los datos sobre movimientos migratorios no coinciden, con lo que la elaboración de estadísticas internacionales nunca puede estar referida a una fecha única. Si a todo ello añadimos la imposibilidad, por definición, de registrar los movimientos clandestinos (estimados en gran volumen), tendremos un panorama en el que las estimaciones de movimientos a escala internacional, o de ámbitos geográficos supranacionales, pueden estar muy alejadas de la realidad. Aún con todo, las agencias productoras de estadísticas trabajan cada vez más en la línea de homologar clasificaciones, registros y mediciones entre los diferentes países del mundo con el fin de poder acercarse a un mejor diagnóstico de la situación real de las migraciones en el mundo en que vivimos.

4. La inmigración y sus implicaciones sociales

Hasta este momento hemos acometido las migraciones humanas en su multidimensionalidad, abordando conceptos, tipos migratorios, su evolución histórica, así como los principales enfoques teóricos desde los que las ciencias sociales han tratado de describir y explicar este fenómeno social e incluso algunas precisiones metodológicas a tener en cuenta a la hora de medir los movimientos migratorios e interpretar sus estadísticas. A partir de ahora tomaremos como centro de nuestra atención no el proceso migratorio en su conjunto, sino una de sus etapas: la *inmigración*. Concretamente nos centraremos en las implicaciones sociales del fenómeno migratorio desde la perspectiva de la inmigración; esto es, las consecuencias del asentamiento de inmigrantes en una sociedad dada. El interés por este aspecto de las migraciones nos viene dado por la experiencia que vive España en la actualidad y por el propio contexto en el que se desenvuelve como miembro de la Unión Europea. En ambos ámbitos territoriales el impacto de los movimientos migratorios es de carácter eminentemente inmigratorio, no emigratorio. Tanto España como la Unión Europea son, actualmente, centros importantes de recepción de inmigrantes procedentes de otras latitudes. Si existe algún fenómeno migratorio que nos afecte en estos momentos, éste es, desde luego, la inmigración, no la emigración. Dicho esto, nos parece necesario abordar específicamente aquellos procesos que afectan a la sociedad española contemporánea; en este caso, la inmigración. Antes de ello, no obstante, consideramos necesario aproximarnos a este problema sociológico (que no es lo mismo que problema social) desde una perspectiva general para pasar, en el próximo capítulo, a contextualizar nuestro caso concreto.

Tomar la inmigración como centro de atención no significa excluir de él a ninguno de los colectivos implicados en el proceso de asentamiento de población inmigrante en una comunidad. Entendemos que tras el acto de la afluencia migratoria se inicia una etapa importante a tener en cuenta: el ajuste de la convivencia (ya sea transitoria o definitiva) entre la población autóctona y la inmigrante; ajuste que atañe no a uno solo de los colectivos en cuestión, sino a los dos.

El hecho de que cantidades importantes de personas cambien de residencia no es un asunto banal; tiene grandes implicaciones sociales y de muy diversa índole. El movimiento migratorio, cuando afecta a un volumen importante de población, tiene consecuencias tanto para la comunidad receptora como para los propios sujetos migrantes. Por otro lado hay que tener en cuenta que tales consecuencias alcanzan a todas las facetas de la vida individual y colectiva: económica, política, cultural, demográfica, cívica, psicológica… La pregunta clave es qué sucede cuando importantes contingentes de población foránea o extranjera llegan a una comunidad ya constituida. El punto crítico es saber de qué manera se puede incorporar la población foránea a la nueva comunidad respetando los derechos fundamentales de cada colectivo y de sus miembros, por un lado, y asegurando un mínimo de cohesión social que evite la fragmentación, la desigualdad y/o el conflicto entre sus miembros individuales o colectivos. El problema que aquí se presenta no es otro que el de la integración social de los nuevos miembros que posibilite el desarrollo de la convivencia en un contexto de diversidad etnocultural. Dicha integración suele presentar conflictos o escollos en tres dimensiones fundamentales: la sociolaboral, la cultural y la identitaria.

En la primera dimensión se incluyen los procesos de inserción sociolaboral de los inmigrantes cuando éstos llegan a la nueva comunidad en calidad de trabajadores. Este aspecto ya ha sido tratado en el capítulo anterior, al repasar las diferentes interpretaciones teóricas en torno a la inserción de los trabajadores inmigrantes en el mercado de trabajo. Ahora bien, la incorporación de inmigrantes a una sociedad dada no sólo afecta al mercado de trabajo o a la actividad laboral (tanto desde una perspectiva estructural como individual), esto es, a su inserción en la estructura social; las migraciones suponen, además, un desafío para las colectividades humanas ya establecidas, pues, incluso en muchos casos de inmigración interna, suponen la incorporación de nuevos sujetos portadores de culturas, etnias y/o religiones distintas. El contacto entre gentes diferenciadas que residen en un mismo territorio o colectividad genera la necesidad de readecuar la convivencia conjunta y fundamentarla en nuevos parámetros culturales e identitarios.

De este modo dedicaremos este capítulo a poner de manifiesto los procesos de incorporación de población inmigrante en la sociedad receptora y sus consecuencias, centrándonos en la dimensión de la identidad colectiva, basada en la cultura, etnia y/o religión, y sus repercusiones sobre los procesos de integración que lleven a la construcción de un marco de convivencia común.

1. Cultura e identidad étnica

La reflexión en torno al modo de afrontar esta situación es tan antigua como los movimientos migratorios, que es lo mismo que decir como la humanidad misma. Decíamos en el capítulo anterior que la condición de extranjería, cuyo sentido se adquiere en el seno de la propia concepción del hombre y su vida en colectividad, ha sido motivo de reflexión desde los inicios de la historia. Sin ánimo de realizar un repaso exhaustivo sobre estas diferentes concepciones históricas, sí será bueno conocer los fundamentos filosóficos más directamente precursores del pensamiento contemporáneo occidental sobre el individuo en comunidad. Nos estamos refiriendo a la tradición filosófica del siglo XVIII, pues de ella se derivan las diferentes concepciones sobre la comunidad y el sujeto que actualmente se esgrimen como fundamentos para construir la convivencia multicultural y/o multiétnica.

1.1 Tradición filosófica y diferenciación etnocultural

El siglo XVIII marcará un hito en la historia del pensamiento occidental, pues en él se consolidarán dos enfoques contrapuestos sobre el concepto del hombre y la cultura: el Romanticismo alemán y la Ilustración francesa. Ambos han dotado de contenido diferente a conceptos tan vigentes en la actualidad como Estado, nación, pueblo, identidad nacional, etc., dando lugar a dos visiones originariamente enfrentadas sobre la naturaleza del hombre en comunidad: universalismo y particularismo. Es en este siglo cuando el tratamiento literario del factor nación se hace más prominente, dando paso a una auténtica «explosión» del fenómeno nacional en los siglos XIX y XX.

Las diferentes interpretaciones de la nación y del Estado en el mundo contemporáneo están basadas en las concepciones que sobre el hombre, la cultura y la comunidad se perfilaron durante el siglo XVIII y cristalizaron en las dos visiones contrapuestas mencionadas. El eje central sobre el que giran ambas perspectivas es la idea de hombre: para la Ilustración éste es el valor supremo, y es él quien da sentido a las agrupaciones políticas; para el Romanticismo, el hombre es mero depositario de valores comunitarios particulares concedidos por un ser superior: la comunidad cultural es la que dota de sentido existencial al hombre. El antropólogo francés Louis Dumont (1986: 25) expresa esta dualidad en dos frases francamente significativas: «Soy un hombre por naturaleza, y francés por accidente», aplicable al talante ilustrado; «Soy esencialmente alemán, y un hombre a través de mi ser alemán», expresión del pensamiento romántico de la época.

La Ilustración y los postulados universalistas. Con la Revolución Francesa se instauran definitivamente las ideas ilustradas sobre la igualdad de los hombres. Aparece la sociedad civil como depositaria de soberanía que ejerce su voluntad de vivir en comunidad a través de un hipotético «pacto social originario». La Ilustración dará origen al moderno concepto de Estado en el que la voluntad de los individuos cobra un papel fundamental.

Las diferencias entre los pueblos no son sino resultado de una experiencia histórica; algo meramente accidental. El tiempo y el espacio no construyen al individuo; éste, en esencia, es y será siempre el mismo. Existen imperativos atemporales y universales que definen la verdadera esencia humana. El bien, la verdad, la belleza..., son elementos comunes a todos los hombres. Cada hombre es igual a los demás y, en virtud de su universalidad y capacidad racional, es libre de dirigir su propio destino. A través de su voluntad, es él quien construye la nación. Se trata de liberarle de toda clase de ataduras, erigiéndole en verdadero sujeto y protagonista de su devenir histórico.

Estas ideas calaron hondo en el pensamiento europeo del XVIII, y fundamentaron un concepto de nación que se iría perfilando durante todo el siglo XIX.

Siguiendo las ideas ilustradas, Ernest Renan (1823-1892) se consagrará como uno de los teóricos clásicos del nacionalismo. A pesar de no creer inicialmente en la noción del «pacto fundador» de Rousseau, retoma y hace suya la idea tras los acontecimientos vividos en la región de Alsacia-Lorena en 1870. Del conflicto fronterizo (conquista de esta región por parte de los alemanes) surge una auténtica controversia filosófica: ¿es la voluntad o las raíces culturales lo que debe determinar la pertenencia a una nación? A pesar de que los alsacianos eran de cultura germánica, mantuvieron una férrea voluntad de pertenencia a la nación francesa. La idea del contrato cobra así absoluta vigencia.

En su conocida obra *Qu'est-ce qu'une nation?* (1882), Renan examinó los posibles criterios para diferenciar a las naciones y, tras considerarlos insuficientes, apeló a la voluntad de los individuos como elemento crítico de la existencia de las naciones. Llegará a definir la nación en los siguientes términos: «Es una gran solidaridad constituida por el reconocimiento de los sacrificios que se han hecho y de los que se está dispuesto a hacer. Supone un pasado: se resume, sin embargo, en el presente por un hecho tangible: el consenso, el deseo claramente expresado de continuar la vida común. La existencia de una nación es un plebiscito cotidiano» (citado en Finkielkraut, 1987: 34).

La idea subyacente se remonta a los postulados ilustrados según los cuales lo que define al hombre son sus rasgos universales y no los particulares. Estos últimos, por tanto, no tienen legitimidad para someter la voluntad del individuo. Ernest Renan arremete contra el error de dividir a los hombres en razas, ya que muy pocos países poseen una raza verdaderamente pura. El ensalzamiento de la ideología alemana, paralela a la Ilustración francesa, significa para Renan el fin de la mezcla fecunda que se denomina humanidad.

Romanticismo alemán y esencialismo nacional. A pesar del gran prestigio que alcanzan las ideas de la Ilustración incluso en Alemania, ésta va a ser la cuna de otra corriente de pensamiento opuesta a la anterior; con ella se localiza en Alemania el desarrollo principal de las teorías esencialistas de las nacionalidades. El concepto de cultura como ensalzamiento de lo particular aparece en 1774 con la obra de Herder (1744-1803) *Otra filosofía de la historia*. Se acuña el término *Volksgeist* (genio nacional) para designar una comunidad orgánica de sangre y de suelo o de costumbres y de historia, que somete a su ley los comportamientos individuales. Todas las naciones de la Tierra tienen un modo de ser único e insustituible. No hay absoluto alguno. El hombre no es una categoría abstracta y universal, sino que corresponde a un tipo específico de humanidad.

La idea central del Romanticismo es la creencia en un espíritu superior universal que se manifiesta en cada pueblo de una forma diferente y particular. Esa originalidad se va transmitiendo a través de las generaciones. Así, todas las manifestaciones culturales son reveladoras del espíritu, del genio, del alma de cada pueblo. La pertenencia a la comunidad cultural es lo que define al individuo, puesto que ésta existe con anterioridad a él y le conforma en cuanto persona concreta.

Contra la uniformidad ilustrada surge la mitificación de la diversidad. En palabras de Kedourie, la idea de Herder era que «Dios ha diseminado a los hombres por todo el globo y los ha expuesto a varios climas y ambientes. Debe haber querido que todas las variedades posibles de la creación tuvieran una oportunidad de vivir y realizarse según su propia, privativa, y característica manera» (Kedourie, 1985: 41).

La civilización uniformadora atenta contra estos objetivos naturales, edificando las sociedades en la artificialidad y la esterilidad. Un nuevo concepto de nación se va entretejiendo con el Romanticismo alemán, contrario a los postulados ilustrados. Si estos últimos consideraban la nación como conjunto de individuos que manifiestan su voluntad con respecto a su pertenencia y a la forma de autogobierno, con el Romanticismo la nación pasa a ser una división natural de la raza humana, a la que Dios ha conferido su propio carácter y que sus ciudadanos tienen la obligación de preservar puro e inviolable. La armonía universal sólo se puede conseguir a través del cultivo de cada individuo de su propia peculiaridad.

El elemento fundamental que imprime carácter a una nación es el idioma. Herder, en su *Tratado sobre el origen del idioma* (1772), establece que éste es el signo externo y visible de las diferencias que distinguen una nación de otra; es el criterio más importante por el que reconocer la existencia de una nación y su derecho a formar su propio Estado. Pero será Fichte (1762-1814), contemporáneo de Herder, quien se dedique a elaborar una profunda teoría sobre idioma y política desde una perspectiva nacionalista alemana, siguiendo la línea iniciada por Herder. Su distinción entre idioma original (alemán) e idioma derivado (inglés, francés) aporta un criterio para la constitución de las naciones que tendrá notables implicaciones políticas. El idioma, en su versión original (conexión inmediata entre experiencia sensorial y categorías abstractas, frente a la intermediación extraña del idioma derivado que supone artificialidad e imposibilita la autorrealización [1] es el vehículo apropiado para construir la nación, puesto que en él reside lo auténtico y original del carácter de un pueblo. Así, el idioma se convierte en la prueba fundamental de la existencia de una nación, y posee fuerza y legitimidad para la lucha por la consecución de la unidad de aquellos que lo comparten.

Estas ideas van a constituir el germen del nacionalismo esencialista que se sigue desarrollando durante todo el siglo XIX y que, reformulado o encubierto, se mantiene hasta nuestros días.

Así pues, particularismo y universalismo son dos formas contrapuestas de entender las comunidades humanas. El primero mitifica la diversidad cultural, estableciendo en ella la verdadera razón de la construcción de las naciones y los Estados como únicas entidades que dan sentido a la vida humana; el segundo establece en la humanidad, como categoría universal, la única fuerza legítima creadora de los Estados y las naciones en cuanto formas racionales de convivencia basadas en la libre voluntad de los individuos.

1.2 Etnia y etnicidad

El concepto de etnia ha estado ligado tradicionalmente a la antropología, y más concretamente a una concepción antropológica determinada: la particularista, proveniente de las ideas románticas de la cultura. Mientras los antropólogos universalistas, de tradición francesa, han evitado la utilización del concepto etnia, éste ha quedado en manos de la orientación particularista, revistiéndose de connotaciones raciales y biológicas. Sólo a partir de los años setenta se ha rescatado la etnia de la exclusividad esencialista, si bien se ha preferido utilizar el concepto de etnicidad o de grupos étnicos para evitar confusiones que distorsionen su nuevo contenido.

Existen numerosas definiciones de etnia, etnicidad o grupos étnicos, de cuyo análisis se desprende la existencia de una doble orientación: la esencialista/«objetivista» y la relacional/«subjetivista». En la primera imperan los elementos objetivos como delimitadores de los grupos étnicos, entre los cuales los más importantes son: orígenes comunes, historia, raza, lengua y características culturales. Según versiones más elásticas, no todos ellos han de estar presentes en la definición de un grupo étnico, sino que pueden darse combinaciones diferentes. El hecho de compartir ciertos rasgos objetivos comunes confiere a los miembros del grupo un sentimiento de cohesión y de pertenencia, una conciencia de identidad. Rasgos objetivos y subjetivos (derivados de los primeros) delimitan las fronteras étnicas. En la segunda, los elementos objetivos no son causa sino consecuencia de la diferenciación étnica. El elemento principal definidor del grupo es la adscripción al mismo, basándose en criterios objetivos a los que se les ha concedido un alto valor simbólico como fuente de inclusión/exclusión.

No obstante, existe un rasgo común a ambas orientaciones: la de que el grupo étnico supone la existencia de una comunidad de sujetos que se sienten iguales a sí mismos (inclusión) y diferentes de otros (exclusión), y que esa diferencia va a determinar la naturaleza de la interacción entre los grupos que se reconocen diferentes entre sí. Para unos, las diferencias están basadas en elementos «objetivos» que conforman una manera de ser diferente; para otros, la diferenciación grupal se basa en el propio deseo de la diferencia, apareciendo los contenidos culturales como elementos simbólicos y variables en el tiempo y en el espacio.

Enfoque esencialista de la etnia. Hasta hace poco las etnias eran consideradas como universos cerrados y aislados compuestos por elementos fácilmente distinguibles del resto de las comunidades que las rodean. Impregnados de ideología romántica, y de la consecuente idea del «genio nacional», muchos estudiosos de las culturas humanas han tratado de buscar ese «genio» o característica originaria de los pueblos o etnias que les diferencia irremisiblemente de los demás. Los elementos culturales objetivos, fundamentalmente la lengua, serán los indicadores de la existencia de las etnias. A estos elementos culturales, conservados como tesoros que encierran la verdadera personalidad de los pueblos, les corresponde una conciencia de identidad y pertenencia. Se inicia el culto a la tradición y a los antepasados como depositarios del verdadero espíritu comunitario. El desarrollo de la etnología ha posibilitado el dotar de herramientas y materiales empíricos a la antigua idea del *Volksgeist*, lo cual ha logrado situar esta estrategia antropológica en un lugar destacado como ciencia empírica.

Esquemáticamente podemos decir que este concepto de etnia se fundamenta en los siguientes presupuestos:

— Las características objetivas (biológicas, históricas, culturales, lingüísticas, etc.) son fundamentales para la determinación de la existencia de un pueblo o etnia.

— Esas características imprimen un carácter específico al pueblo que las sustenta, una forma de ser que le diferencia de otros pueblos o etnias.

— En la medida en que tales elementos diferenciadores se remonten a un pasado más lejano, tanto más genuino y «verdadero» es un pueblo, tanto más fiel a su verdadera esencia y particularidad.

— Por la razón anterior, cuanto más fiel sea un pueblo a su verdadera esencia, tanta más legitimidad posee para mantenerla y preservarla de cambios que alterarían su *ser*. Se legitima, en razón de esta esencia, la conservación e incluso recuperación de los elementos que le caracterizan y de la identidad que les define.

— El mantenimiento de las etnias se basa, por tanto, en el continuismo cultural; en la conservación a lo largo de los siglos de sus peculiaridades; en un *continuum* cultural que une al pueblo actual con sus ancestros, verdadera garantía de su existencia como tal.

— Para ello, la mejor salvaguardia de la etnia es el aislamiento, la ausencia de interacción con otros pueblos, lo cual asegura su «pureza».

— Como última consecuencia, se estima que una etnia es culturalmente homogénea, lo cual se desprende de todas las argumentaciones anteriores.

Cabe decir, sin embargo, que una percepción semejante aniquila, paradójicamente, la existencia de cualquier etnia, no sólo en el mundo moderno sino en cualquier tiempo histórico, pues parece ser que los pueblos humanos nunca han mantenido esta situación de homogeneidad y aislamiento. Juan Aranzadi critica el concepto sustantivo de etnia, puesto que ni siquiera en los pueblos «primitivos» (teóricamente los más «puros») se produce una correlación de rasgos objetivos. Para llegar esta afirmación aporta una serie de ejemplos en los que se demuestra la inconsistencia de las teorías esencialistas (1981: 455). Una etnia basada en la homogeneidad biológico-cultural y en su particularidad (presencia de rasgos distintivos de otros pueblos) no ha existido nunca, o lo ha hecho en muy contadas ocasiones. La única salida, a juicio de Aranzadi, es definir a la etnia según un conjunto de características objetivas variables en el tiempo y en el espacio, lo que es lo mismo que sumir en la ambigüedad este concepto.

Pero si los ejemplos «primitivos» no otorgan validez a la teoría esencialista de las etnias, mucho menos lo hace la situación actual de heterogeneidad e interacción cultural. La persistencia de viejos nacionalismos y el surgimiento de otros movimientos nuevos requiere de una explicación acorde con las circunstancias actuales, en donde los presupuestos de continuidad, homogeneidad y aislamiento culturales no encuentran constatación empírica alguna. Haciéndose eco del sentir generalizado, Juan Aranzadi explica que «la pretensión de encontrar bajo la autodemarcación étnica un factor «objetivamente importante» de diferenciación cultural se ha visto condenada al fracaso ante la extraordinaria diversidad y aparente arbitrariedad de factores definitorios de la autoconciencia étnica» (1981: 462).

Un nuevo concepto: la etnicidad.—Es preciso esperar a los años sesenta para que se inicie una nueva línea teórica y de investigación sobre las etnias. La obra inspiradora de esta tendencia renovadora es la presentada por Fredrik Barth: *Los grupos étnicos y sus fronteras* [2]. Se trata de una aportación colectiva de antropólogos sociales escandinavos como resultado de un simposio celebrado en Bergen en 1967. En ella se recogen resultados novedosos, fruto de diferentes investigaciones etnográficas. El propio compilador establece en dos los hallazgos más importantes del simposio:

1) *Las etnias persisten a pesar del tránsito personal.* «Las distinciones étnicas categoriales no dependen de una ausencia de movilidad, contacto o información; antes bien, implican procesos sociales de exclusión e incorporación por los cuales son conservadas categorías discretas a pesar de los cambios de participación y afiliación en el curso de las historias individuales» (Barth, 1976:10).

2) *Ciertas relaciones sociales se mantienen por encima de los límites étnicos.* Las distinciones étnicas no dependen de una ausencia de interacción y aceptación sociales. Las diferencias culturales pueden persistir a pesar del contacto interétnico y de la interdependencia. Ello es posible gracias al mantenimiento de relaciones diferenciadas por niveles o ámbitos: en unos se mantienen los límites étnicos y en otros se interactúa por encima de tales límites.

La vieja concepción esencialista de la etnia, estéril en su capacidad explicativa, empieza a ser sustituida por el acercamiento a los grupos étnicos como grupos sociales de interacción. Se prefiere hablar de grupos étnicos o de etnicidad, en vez de utilizar el término etnia, tan ligado a contenidos biológicos o raciales.

La existencia de fronteras entre grupos humanos que apelan a su singularidad cultural, a pesar de que tal singularidad no es siempre demostrable en el tiempo ni en el espacio, obliga a reconsiderar las bases de la definición étnica. Dos hechos son importantes: la existencia de identidades étnicas que suponen pautas concretas de interacción entre miembros y extraños y la no concordancia necesaria con características culturales concretas. Esto lleva a pensar que la cultura es un elemento secundario en la definición de la etnicidad, si bien es importante por cuanto ofrece un contenido simbólico de referencia para sustentar tal identidad. Lo fundamental en la etnicidad es la identidad colectiva, la creencia en la constitución de un grupo diferenciado por parte de los miembros componentes y de los miembros de otros grupos, o lo que es lo mismo: la adscripción. El foco de investigación no debe residir en los contenidos culturales, sino en los mecanismos de adscripción que definen las fronteras entre un grupo étnico y otro, y que establecen normas y pautas de interacción en el *ingroup* y con el *outgroup*.

Genéricamente podríamos decir que el grupo étnico se diferencia de otro por adscripción y que tiene su razón de ser en cuanto que organiza interacción social específica dentro y fuera del grupo. Juan Aranzadi ofrece un resumen de las ideas expuestas en la obra compilada por Barth. Lo estructura en cuatro puntos fundamentales que, a nuestro juicio, consideramos de interés por su capacidad sinóptica:

1. Una etnia no es un grupo humano «objetivamente» configurado por la posesión común de una serie de rasgos culturales correlacionados propios y diferenciales. Es simplemente un grupo «subjetivamente» opuesto a otro u otros, diferenciado básicamente de ellos por la pura voluntad de diferencia. La contraposición étnica no preserva una identidad cultural previa, sino que constituye ésta. Mientras haya separación, discriminación, oposición, diferenciación, hay etnia; poco importa lo que le separe o las variaciones que este contenido experimente. Para ser una etnia basta con la conciencia de ser distinto, aunque esta conciencia esté vacía de contenido.

2. Este hecho no es privativo ni exclusivo de los grupos étnicos en las sociedades urbano-industriales, sino general a todas diferenciaciones conocidas entre pueblos en todas las épocas. Ello no quiere decir que no haya o haya habido diferencias «objetivas» entre los pueblos, sino que éstas son irrelevantes frente a la contraposición «subjetiva» en la determinación de la dicotomización étnica.

3. La historia de una etnia no es la historia de una «cultura», sino la historia de la variabilidad de su oposición a otras etnias, la historia de las metamorfosis del mecanismo conservador de la dicotomización étnica.

4. La función social de la dicotomización étnica es doble: de cara al interior del grupo étnico adjudica estatus; de cara al exterior regula las relaciones interétnicas.

1.3 Adhesiones étnicas en el mundo contemporáneo

Una problemática, objeto de fuerte debate en el interior de la comunidad científica, intelectual e incluso política de nuestros días, es la vigencia de las adhesiones etnoterritoriales en el mundo moderno.

Adscripciones étnicas y procesos de modernización. No han sido pocos los que han defendido la idea de que los sentimientos de pertenencia a una comunidad territorial corresponden a un tipo de sociedad tradicional al estilo de la definida por Tönnies (comunidad *versus* sociedad), Spencer (sociedades simples *versus* sociedades complejas) o Durkheim (solidaridad mecánica *versus* solidaridad orgánica), por citar algunos de los ejemplos más importantes. Todos ellos, aunque con presupuestos y motivaciones diferentes, se hallan impregnados de un evolucionismo, más o menos lineal, en el que tratan de ubicar las diferentes formas de organización social a través de un continuo con dos polos opuestos y excluyentes. Atendiendo a las definiciones de estos clásicos de la sociología, las sociedades evolucionan según su nivel de complejidad, correspondiendo a las más simples una fuerte identificación del sujeto con la comunidad, y a las más complejas un debilitamiento del sentimiento de pertenencia del individuo en relación a su sociedad. La realidad, sin embargo, parece contradecir estas teorías evolucionistas. El nacionalismo (un fenómeno revitalizado en la actualidad) se alza como una corriente moderna de identidad colectiva comunitaria, dotada de significación política, burlando la concepción unilineal y excluyente de la evolución hacia la universalidad o generalidad.

Muchos han dudado de las posibilidades de supervivencia de los nacionalismos en la sociedad industrial, entendiendo a éstos como una reminiscencia del pasado o como un intento desesperado de mantener peculiaridades insostenibles en un mundo industrializado, tecnológicamente avanzado y tendente a la homogeneización cultural (occidentalización, sociedad de masas, sociedad de consumo, etc.). No es que el sentimiento del «nosotros» haya desaparecido, sino que es el contenido de ese «nosotros» el que ha evolucionado desde el particularismo al universalismo. A juicio de algunos la sociedad moderna y racional parece requerir estructuras universalistas de conciencia colectiva. El canto a la modernidad como cuna del cosmopolitismo se halla presente en uno de los clásicos de la sociología: Robert Ezra Park. En un artículo sobre las migraciones humanas afirmará: «El movimiento y migración de gentes, la expansión de los negocios y comercio, y particularmente el crecimiento, en los tiempos modernos, de estos grandes *melting pots* de razas y culturas, de ciudades metropolitanas, ha deshecho las fronteras locales, ha destruido las culturas tribales y el folklore, y ha sustituido las lealtades locales por la libertad de las ciudades; el orden sagrado de la costumbre tribal por la organización racional que llamamos civilización» (Park, 1928a: 203). Este proceso de modernización lo atribuye precisamente a los movimientos migratorios, verdaderas fuerzas de transformación social. La desubicación que supone la movilidad espacial emancipa al individuo de sus ataduras ancestrales, liberando en él sus energías más creadoras. Park se pronuncia favorablemente por este cambio que, a su juicio, genera una sociedad más secular y, por lo tanto más libre. El juicio valorativo, y su apuesta por este tipo de sociedad sin ataduras, cosmopolita, alcanza su máxima expresión en la formulación del «hombre marginal», «extraño» u «hombre emancipado»: se trata de un hombre libre; percibe su relación con otros con menos prejuicio; su acción no está constreñida por la costumbre o precedentes. Se puede percibir en estas afirmaciones una cierta mentalidad ilustrada, una apología de la racionalidad y la libertad, una apuesta por el hombre individualizado.

Algunas corrientes de la modernización consideran, sin embargo, que los nacionalismos son consecuencia, precisamente, de ese proceso de modernización. Anthony D. Smith expone con claridad las explicaciones que ofrecen los teóricos de esta línea de pensamiento [3].

Siguiendo a los clásicos evolucionistas, la teoría funcionalista explica el nacionalismo (una de cuyas clases es el nacionalismo étnico, basado en la identidad colectiva nacional) como consecuencia de la desestructuración de la sociedad tradicional y consecuente formación de la sociedad moderna. Con la descentralización, la creciente división del trabajo y el aumento de estructuras sociales complejas, el individuo mantiene relaciones segmentadas y efímeras. La diferenciación funcional fuerza a la segmentación y desestructuración del yo. Eisenstadt afirma que el nacionalismo une la tradición de la comunidad con el proceso modernizante. La sociedad se transforma y se desintegra; la reintegración tiene sus costes; con la desintegración del orden comunitario surge el conflicto, el miedo, la inseguridad. Consecuencia de esta situación transitoria es el auge de los nacionalismos: «una búsqueda de nuevos símbolos comunes en los que los diversos grupos de la sociedad puedan hallar un sentido de la identidad personal y colectiva» (Eisenstadt, 1955: 15). Así pues, el nacionalismo es una consecuencia de la modernización, un mecanismo necesario de estabilización que ordene y posibilite la convivencia en un momento de transición del mundo tradicional al mundo moderno.

El modelo de la «sociedad masa», otra explicación «modernizante» del nacionalismo, viene de la mano de una perspectiva no funcionalista. Si bien las ideas difieren en algunos contenidos, la idea del nacionalismo como consecuencia del proceso desintegrador de la sociedad tradicional se mantiene en este enfoque. El proceso, sin embargo se ubica en las áreas urbanas. Con la urbanización, los modos de vida tradicionales se desintegran; todo pierde significado. Consecuencia de ello es la frustración y la ansiedad, campo abonado para la aparición de movimientos políticos y religiosos extremistas. El nacionalismo aparece como elemento controlador del cambio y organizador de la inseguridad; es la respuesta de las clases medias y bajas urbanas a la desorientación cultural. La «sociedad masa» se caracteriza por un aislamiento social. Se producen discontinuidades en el proceso de socialización, y aquellos desligados de los grupos y funciones tradicionales (intelectuales desclasados, estudiantes, parados, etc.) estarán en condiciones de unirse a movimientos mesiánicos destructivos del orden constitucional.

A las teorías de la modernización han sucedido las nuevas teorías de la postmodernidad que preconizan el advenimiento de una «cultura global», nueva y diferente de las culturas nacionales, de carácter transnacional. Sin embargo, otras tendencias apuestan por la reconciliación o síntesis entre el universalismo individualista y las adhesiones étnicas particularistas.

Entre el universalismo y el particularismo. La historia humana nos demuestra la existencia, en todo tiempo y lugar, de la necesidad de pertenencia de los sujetos a un grupo humano concreto. Los grupos a los que se refiere el sentimiento de pertenencia, así como sus bases referenciales y sus manifestaciones, pueden variar en base a las circunstancias históricas, pero la diferenciación, la ubicación de los sujetos en un «nosotros» colectivo, es un hecho al que parecen no querer renunciar. Los modos y estrategias de la identificación pueden ser diversos pero, a pesar de los imperativos racional-universalistas de la Ilustración y de los procesos de complejización de las estructuras sociales, la adhesión étnica (a un grupo definido territorial, cultural y/o históricamente) como similitud/diferencia de otros grupos se ha venido manteniendo a lo largo de la historia. La pretendida unidad del ser humano parece todavía lejana. Lo particular no puede ceder a lo universal como categoría absolutizadora, porque el hombre vive en especificidad, «es especificidad». El hombre no vive en una cultura abstracta y universal, sino en culturas concretas, diversas y determinadas por elementos específicos (geografía, historia, formas de gobierno, tipo de familia, formaciones religiosas...). Cabe ahora preguntarse por el verdadero impacto de la modernización sobre esta necesidad humana de adscripción a comunidades pequeñas.

Bajo el impacto de la civilización moderna, una cultura dada puede desaparecer o, si puede, rechazar el contacto y encerrarse en sí misma. Entre estos dos extremos están las «aculturaciones», las adaptaciones a la cultura-civilización dominante. Tales representaciones, afirmará Dumont (1986), constituyen una especie de síntesis, una especie de mezcla de dos clases de ideas y valores: unos de inspiración holista y autóctona, otros prestados de la configuración individualista predominante. El rasgo que posibilita semejante interconexión, síntesis o simbiosis, entre elementos, en principio contrapuestos, es la elevada ductilidad de la tradición. No estamos ante categorías rígidas, sino moldeables, adaptables y, por lo tanto, compatibles.

Derivados de una necesidad humana para la conformación de la propia identidad, los sentimientos de pertenencia a lo particular no están reñidos con los rasgos universalistas de la civilización moderna. Con los cambios sociales, las adhesiones étnicas encuentran los modos de adaptación para seguir siendo congruentes con los tiempos modernos. Si los contenidos culturales cambian, si se produce una síntesis entre tradición y modernidad, no por ello se aniquila la necesidad de identificarse primariamente con un grupo humano significativo para el individuo. El hombre parece necesitar adherirse a un grupo relativamente cercano y significativo. Las significaciones de pertenencia al grupo han variado a lo largo de los siglos, pero las investigaciones de los antropólogos escandinavos liderados por Barth nos ofrecen la lógica actual de las adscripciones étnicas: aun faltas de una cultura natural referencial se mantienen las dicotomías entre el «nosotros» y el «otros» en un intento de preservar la necesidad de adscripción a un grupo concreto. Es decir, a diferencia de tiempos pasados en los que los hombres mantenían un sentido comunitario, sustentado en buena medida por un territorio y una cultura propios, los tiempos modernos han borrado gran parte de esa diferenciación «real», teniendo que reconstruir la identidad étnica en base a orientaciones culturales simbólicas con el fin de preservar las diferencias ancestrales entre los grupos.

La racionalidad o irracionalidad de las adhesiones étnicas en el mundo moderno debe plantearse a partir del hecho de que tales adhesiones persisten a lo largo de la historia. El debate entre lo «racional» (modernidad-universalismo) y lo «sentimental» (tradición-particularismo) debe ser superado si queremos comprender la realidad de nuestro entorno. La prueba de la heterogeneidad de una de las comunidades entendidas como más homogéneas en el mundo contemporáneo, los países europeos, nos viene de la mano de expertos como Jaroslav Krejci (1978), quien ha elaborado una clasificación de «los grupos étnicos o nacionalidades» europeas actuales conforme a seis características: territorio, Estado, lengua, cultura, historia y conciencia nacional. Sus alternativas han originado 22 tipos de nacionalidades. En base a ellos, existen en Europa 69 grupos étnicos claramente diferenciados (entre ellos el vasco, el catalán y el español, como etnias diferentes). El factor realmente decisivo del principio de identidad nacional es el factor subjetivo de conciencia. Puede o no existir territorio específico, o lengua singular, etc., pero lo que siempre está presente es la conciencia colectiva de pertenencia a un grupo diferente de otros. Así pues, es esta conciencia el elemento común de todo grupo étnico; y esta conciencia no es más que el hecho de sentirse diferente de otros grupos, haya o no elementos «objetivos» que lo justifiquen.

2. Inmigración y etnicidad

Parece bastante obvio que la inmigración, sobre todo la producida masivamente, ha de tener ciertas consecuencias tanto sobre el grupo que la recibe (puesto que se trata de la inclusión de nuevos miembros), como para los propios inmigrantes (en función de las estrategias de integración que deban seguir y las consecuencias de éstas sobre su identidad etnocultural). Dichas consecuencias o cambios dependen de muchos factores; entre ellos, el volumen de la corriente inmigratoria y las definiciones de los grupos que entablan relación.

Cuando la corriente es pequeña, limitada a pocos casos particulares o a un volumen apenas perceptible a nivel de sociedad receptora, los problemas de interacción o de ajuste van a recaer casi exclusivamente en las personas inmigrantes. No parece presentarse en este caso una verdadera problemática social, sino individual. Solamente cuando la masa inmigrante es voluminosa y/o continuada empiezan a hacerse socialmente visibles determinados problemas. La presencia de grupos localizados de inmigrantes genera la necesidad de una respuesta social a la interacción entre éstos y los nativos. Dicha respuesta puede variar dependiendo de la definición étnica de los grupos, o lo que es lo mismo, del alcance etnoterritorial del movimiento, de la definición étnica de los grupos interactuantes. El problema se plantea cuando los nativos y los inmigrantes pertenecen respectivamente a grupos étnicos diferentes, a un «nosotros» y un «ellos» socialmente reconocidos. Para que se produzca esta situación no es necesario que la migración sea internacional; basta con que se enfrenten en un mismo territorio dos grupos portadores de etnicidades diferentes, en el sentido definido por Fredrik Barth. Así, las grandes migraciones constituyen uno de los factores más importantes generadores de problemas étnicos y/o nacionales, ya que ponen en contacto a grupos culturalmente diferentes.

La inmigración es generadora (o reactivadora) de la etnicidad en tanto que supone la inserción de un «otro» (inmigrantes) en el territorio perteneciente, y sentido como tal, a un «nosotros» (autóctonos). La naturaleza, dirección y resultado del contacto interétnico en sus primeras fases dependerá de elementos históricos, políticos y económicos, pero también de las definiciones previas de estas categorías colectivas, tanto en un sentido de autodefinición como en un sentido de definición mutua.

El carácter dicotómico «nosotros-ellos», y su capacidad de organización de los encuentros culturales, es reconocido, más o menos explícitamente, por todos los analistas de la etnicidad. La dualidad «nosotros-ellos», en cuanto que definición del grupo y de las relaciones con los demás, se manifiesta de dos formas que, aplicadas a un mínimo de dos grupos interactuantes, se convierten en cuatro:

a) Definición interna del «nosotros»: el grupo se define a sí mismo.

b) Definición externa del «nosotros»: los otros definen al grupo.

c) Definición externa del «ellos»: el grupo define a los otros.

d) Definición interna del «ellos»: los otros se definen a sí mismos.

En la definición de los grupos y sus fenómenos colaterales (estereotipos, prejuicios, actitudes interétnicas) funcionan dos corrientes paralelas e interrelacionadas; esto es, se trata de una dinámica bidireccional y retroalimentada, por utilizar términos de las teorías de sistemas. Los psicólogos sociales no dejan de remarcar este hecho, pues es de importancia capital para la emergencia y características de la propia identificación del individuo con su *in-group*, así como para el desarrollo de los contactos intergrupales en general, o interétnicos en particular.

El «nosotros» puede estar referido a diferentes entornos, categorías o ámbitos, pero siempre ha de cumplir la condición de significatividad tanto social como individual. Esta significatividad está en relación directa con el grado de relaciones que se establecen entre los miembros que constituyen el grupo. Las categorías referentes del «nosotros» son muy amplias: pueden abarcar desde la familia hasta la especie humana en general. Cada una de ellas implica un grado distinto de interacción, por lo que no son excluyentes (no las categorías, pero sí los grupos resultantes dentro de una misma categoría). Así se podría hablar de un «nosotros» universal (especie humana), pero su ascendencia sobre los miembros de tan difuso colectivo habrá de ser necesariamente muy débil. Por contra, existen numerosos «nosotros» referidos a categorías pequeñas de individuos (familia, clan, amigos, miembros de una organización, de una empresa, etc.) donde la influencia sobre los individuos es muy grande dado que se establecen relaciones *face-to-face* entre ellos. Categorías intermedias son determinados grupos sociales específicos (clase obrera, clase dirigente, mujer, joven, etc.), pero también las comunidades humanas específicas definidas por su geografía, por su historia, por sus modos de vida, por sus formas de gobierno, por su religión...

El ser humano vive inmerso en cada uno de estos nichos, en donde desarrolla su vida social más allá de sus relaciones interpersonales. Estos enclaves específicos generan también una idea del «nosotros», una identidad colectiva, y a ellos nos referimos cuando hablamos de la definición del «nosotros» comunitario. Cuando esta identidad colectiva se hace consciente y visible, y tiene la fuerza suficiente como para excluir a, y autoexcluirse de, «otros» estaremos ante un grupo étnico que, como tal, produce normas específicas de interacción con ese «otros».

Una definición clara del «nosotros» conlleva necesariamente un sentimiento de seguridad cultural. Una definición imprecisa y difusa del grupo no puede conllevar una seguridad de grupo, puesto que la misma amenaza a su supervivencia se encuentra en su propio seno. La desorganización de la identidad, la no aglutinación clara de los miembros en torno a un *corpus* bien definido, lleva el germen mismo de la destrucción. La injerencia del extraño en un ambiente semejante puede tener consecuencias altamente conflictivas *intergrupo* e *intragrupo*. La situación del grupo jugará, por tanto, un importante papel en las relaciones que se produzcan con el «otro» con el que se interactúa. Ese «otro» requiere, también, una definición previa por parte del «nosotros», con el fin de atribuirle un espacio y un modo concreto de relación con él.

Las definiciones del «otro» más comunes son las representadas a través de estereotipos, que consisten en atribuir determinadas características, reales o no, a otros colectivos. Estos atributos pueden ser negativos o positivos, dependiendo de dos factores fundamentales: las relaciones existentes entre el grupo estereotipador y el estereotipado (conflicto, competencia, armonía, cooperación, situación semejante frente a un tercero, etc.) y la necesidad de autodefinirse frente al grupo estereotipado (búsqueda de cohesión interna y diferenciación del «otro»), como consecuencia de un alto deseo de singularidad. La estereotipia se fundamenta en la segmentación del entorno en dos categorías esenciales: mi grupo y los demás. Los demás, a su vez, son reconocidos como pertenecientes a grupos diferentes, elaborando una tipologización de los mismos. Como caracterización burda, y a veces irracional, se sustenta en elementos simbólicos de autoafirmación del grupo en cuanto que diferente de otros. El resultado de esta categorización social es un conjunto jerarquizado de los «otros» con significación colectiva y que tiene implicaciones interactivas.

Queda claro que el inmigrante es un sujeto que pertenece a la categoría del «otro» una vez asentado en una comunidad previamente definida como un «nosotros». A las propias características del inmigrante como perteneciente a un grupo o comunidad concreta se le une la propia condición de «inmigrante» que, en sí misma, lleva ya el germen de la diferenciación frente al nativo. Bajo determinadas circunstancias la propia condición de inmigrante puede convertirse en un estigma social. Tales circunstancias están referidas a diversas asunciones que pueden imperar en el imaginario colectivo del grupo que recibe a los inmigrantes. Tales asunciones pueden ser las siguientes:

— Lo natural en el hombre es el sedentarismo: la máxima aspiración es nacer y morir en su lugar de origen.
— La tierra de nacimiento ejerce un poderoso atractivo para el hombre, dotando a ésta de un simbolismo mítico que otorga significatividad a la propia vida.

— Se asume, por tanto, que todo cambio de entorno natural y social se vive de forma traumática.

— En esta lógica argumental cabe añadir que quien lo practica es porque se ve en la perentoria necesidad de ello (política y/o económica).

— El inmigrante constituye un elemento «extraño» en el natural desarrollo social. Ese extraño puede ser definido positivamente (fascinante) o negativamente (amenazador).

— El inmigrante puede interferir (o ser percibido así) y dificultar la consecución del modelo sociocultural diseñado por determinados sectores, o por la población general, de la sociedad receptora (inclusión de elementos culturales ajenos, aparición o fortalecimiento del proletariado, etc.).

— Del mismo modo, el inmigrante puede ser visto como causante de una disminución de beneficios socioeconómicos de que disfrutan los miembros de la sociedad receptora (incremento del paro, utilización de los servicios sociales escasos, creación de suburbios, marginalidad y aumento de la delincuencia, etc.).

El cuadro general de la inmigración puede ser éste, y trascender como representación colectiva de la figura del inmigrante, alcanzando ésta a todo sujeto inmigrado. Tenemos así una «marca» social derivada de la condición de inmigrante. Dos pueden ser las representaciones negativas del inmigrante: una de base socioeconómica (el desposeído) y otra de base político-nacional (el desestructurador de nuestra identidad como pueblo). En muchos casos se percibe al inmigrante como el desposeído, el marginado en su propia tierra, que se ve en la obligación de buscar entornos menos hostiles para mejorar sus condiciones de vida, y que se «infiltra» en nuestra tierra, interfiriendo en su desarrollo y pudiendo originar perjuicios económicos para los habitantes naturales de ésta. En otros la percepción del inmigrante es de hostilidad por introducir elementos extraños en la cultura receptora, por alterar potencialmente su identidad y, en definitiva, por desvirtuar culturalmente al pueblo receptor. Las combinaciones y los grados de estas imágenes pueden ser muy variadas pero, en cualquier caso, creemos que el mero hecho de ser inmigrante puede producir un rechazo en la sociedad receptora, generando actitudes de rechazo y exclusión en varios o todos los órdenes de la vida, de la misma forma que lo sufre el individuo estigmatizado de Goffman (1970). Por todo lo dicho hasta ahora, debemos tener en cuenta que la existencia o no de estereotipos entre autóctonos e inmigrantes es importante, en la medida que estas representaciones sociales y rígidas del «otro» generan de forma activa actitudes concretas hacia esa categoría humana predefinida y evaluada. La presencia de estereotipos y prejuicios interfiere notablemente en las relaciones entre los diferentes grupos humanos en interacción.

Todo ese bagaje identitario de nativos e inmigrantes condicionará las relaciones entre ellos y sentará las bases de la construcción de su modelo de convivencia común.

3. Modelos de integración y marcos de convivencia: un debate social

El panorama complejo de la cohabitación étnica en las sociedades de amplia tradición inmigratoria ha suscitado intensos debates en torno a las estrategias de incorporación de grupos de inmigrantes a la sociedad receptora y su consecuente interacción con la población autóctona. Además de la estimación científica de la plausibilidad de cada uno de los modelos globales de integración, se han producido en las últimas décadas fuertes controversias intelectuales en torno a la deseabilidad de cada uno de estos modelos y su concordancia con los ideales occidentales del respeto a los derechos humanos, tanto individuales como colectivos. Valores como la democracia, la igualdad, el derecho a la propia identidad y cultura han sido, y son, jerarquizados e interpretados de formas diferentes por expertos e ideólogos internacionales. La sociedad estadounidense, y en menor medida la australiana y canadiense, han liderado estas controversias, en función de su situación histórica como sociedades multiétnicas. Europa se ha sumado a esta corriente sólo en las últimas décadas, cuando las consecuencias de su inmigración extraeuropea se han dejado sentir a través del rechazo a determinados grupos étnicos y del aumento de la xenofobia y del racismo. Así, en los países con un cierto volumen de extranjeros considerados «inasimilables», como Francia, Gran Bretaña y Alemania, han empezado a emerger movimientos organizados de signo ultraconservador que han asignado a ciertos grupos étnicos el papel causal de todos los males nacionales. A la par, también se han dejado sentir voces discrepantes de intelectuales y movimientos cívicos solicitando el reconocimiento del «otro» diferente y su derecho, como persona, a instalarse en cualquier territorio que dignifique sus condiciones de vida [4]. De hecho, en los últimos años han proliferado los estudios sobre el multiculturalismo, la alteridad, la ciudadanía, el interculturalismo…, estableciendo en torno a la ciudadanía multicultural uno de los debates más encendidos del mundo contemporáneo.

Los modelos de integración, que conforman marcos de convivencia entre autóctonos e inmigrantes, expuestos ya en el capítulo anterior en sus líneas más básicas [5], constituyen el eje de las controversias cuyo breve recorrido histórico nos proponemos abordar seguidamente.

3.1 Breve recorrido histórico: de la asimilación al pluralismo

Los análisis sociológicos pioneros sobre las repercusiones que podía producir en una sociedad la masiva y continua afluencia de población foránea se ubican, como hemos visto, en la América de principios de siglo. Los estudios de la Escuela de Chicago iniciados en la primera década del siglo XX tomaron como punto de partida la problemática producida por la convivencia, a veces conflictiva, de gentes de diferentes razas y culturas. El enfoque adoptado sería el de la asimilación de los grupos minoritarios por parte de la sociedad americana, en los términos que ya habíamos definido. Ubicado en el contexto nacional norteamericano, esta forma de concebir las relaciones interétnicas adoptó, entre otros, el término «americanización» que no significaba otra cosa que *Waspización* (adaptación al modelo *White-Anglo-Saxon-Protestant*). Este enfoque dominó el panorama interpretativo de las relaciones interculturales hasta mediados de siglo, si bien en ningún momento ha sido abandonado, bien manteniendo intacta su formulación inicial, bien realizando algunas modificaciones.

Existen dos interpretaciones sobre las intenciones reales que albergaba la prevalencia de esta interpretación asimilacionista de principios de siglo: el miedo de toda sociedad con altos índices de nacionalismo a perder su propia hegemonía mediante la disolución de un supuesto carácter nacional genuino, por un lado, y el intento de defender a las culturas minoritarias marginadas por la población dominante, por otro. La primera cuenta con un respaldo mayoritario entre los detractores del modelo, que consideran el enfoque asimilacionista como una derivación de una ideología conservadora dominante. De hecho la alarma que en determinados sectores sociales produjo la posibilidad de incorporación de inmigrantes provenientes de culturas alejadas del modelo WASP dominante tuvo como consecuencia la adopción de políticas inmigratorias fuertemente restrictivas. Tal vez el documento más revelador de esta primera etapa fuera el informe Dillingham, publicado en 1911 en 42 volúmenes, que reflejaba la profunda inquietud de sus autores sobre si la sociedad americana era capaz de absorber un número tan elevado de inmigrantes, sobre si éstos serían capaces de adquirir las habilidades lingüísticas y técnicas necesarias para formar parte indiferenciada de una sociedad industrial, y sobre si su resignación acomodaticia ponía en peligro los logros sociales de los trabajadores americanos. De hecho, la Comisión Dillingham rechazó la idea de una América como reflejo de la humanidad, y condicionó la admisión de nuevos inmigrantes a su «capacidad de asimilación» (Adams, 1983: 8). La tesis de la asimilación justificaba las leyes de exclusión de los chinos, así como la fijación de cuotas anuales por grupo étnico impuestas en 1921, 1924 y 1927, siempre dependiendo de la asimilabilidad potencial de estos grupos. Así, la «angloconformidad» o «waspización» se convirtió en criterio de estrategia política y de investigación científica.

La segunda interpretación, defendida por Nathan Glazer (1983)[6], justifica la perspectiva asimilacionista de los fundadores de la Escuela de Chicago en la consideración hacia los grupos marginados de la sociedad americana. Si bien el autor no comparte la ideología que subyace a los deseos de la absorción de los inmigrantes, sí le concede unas buenas intenciones que pocos han sabido reconocer. La Escuela de Chicago, dirá Glazer, reflejó simpatía, compromiso y curiosidad por las razas y corrientes inmigratorias que iban conformando la sociedad americana

(Glazer, 1983: 99). Las corrientes asimilacionistas no fueron, o por lo menos no únicamente, arrogancia o imperialismo cultural, sino el punto de vista mejor informado, más liberal y más comprometido, sobre el panorama étnico y racial americano. La asimilación —sigue afirmando el mismo autor— fue vista como una consecuencia deseable que anunciaría el fin del prejuicio y la discriminación a la que estaban sometidos algunos grupos étnicos en estas épocas tempranas del siglo xx. La aculturación (parecerse más a la mayoría) ayudaría a reducir este prejuicio y discriminación. Aculturación y asimilación, si no la cruda «americanización», fue la posición no sólo de los antiguos americanos, antagónicos a los nuevos inmigrantes y a las razas no blancas, sino también de aquellos que simpatizaban con estos grupos y que los conocían bien, incluso algunos los representaban. El problema, a juicio de Glazer, es que hubo un error importante de interpretación, el cual impidió reconocer que quizá los grupos destinados a asimilarse no quisieran ser asimilados. La defensa de la idea asimilativa como fórmula para vencer la discriminación se basaba en los siguientes argumentos: era necesario una igualación previa de los grupos étnicos para asemejarse a los americanos; eliminar barreras culturales; y tras esa igualación, se debería convencer a los americanos para que abandonaran el prejuicio y la discriminación, sobre la base de que los otros grupos eran iguales a ellos. Según Glazer se creó una confusión de argumentos; lo que fue «ellos son como nosotros y por eso no deben ser objeto de prejuicio y discriminación», debería haber sido «ellos son diferentes y tienen derecho a serlo, y esta diferencia no justifica ningún tipo de antagonismo» (Glazer, 1983:102).

Independientemente de las intenciones que albergaran los teóricos de la asimilación, lo cierto es que esta corriente, tanto en su vertiente ideológica como científica, comenzó a caer en desgracia a partir de los años cuarenta, período en el cual se empezó a comprender que la adopción de las pautas culturales americanas no eran garantía de la supresión del prejuicio y discriminación hacia determinados grupos de inmigrantes. Si la asimilación cultural, o aculturación, podía producirse, la asimilación social parecía no llegar nunca.

La idea de una América fuerte resultante de la fusión de diferentes culturas ha estado presente desde los inicios del asentamiento de los primeros colonos europeos. Benjamin Franklin acuñó ya en el siglo XVIII la frase *E Pluribus Unum*. Con ella aludía a la necesidad de formar un gobierno fuerte y cohesionado que fuese capaz de forjar una nación a partir de la coexistencia de una población blanca de diversos orígenes europeos (fundamentalmente ingleses, escoceses, irlandeses, alemanes, holandeses y franceses). Es ya famosa la cita atribuida en 1782 al colono francés M. G. Jean de Crèvecoeur en la cual queda excelentemente reflejada la idea del surgimiento de un nuevo hombre —el americano— a partir de una variedad de nacionalidades: «Podría señalarte un padre de familia cuyos abuelos fueron ingleses, cuya esposa era alemana, cuyos hijos se casaron con francesas, y cuyos nietos tienen esposas de diferentes nacionalidades. Es el americano; con él viven todos sus prejuicios y maneras antiguas, y recibe otras nuevas del nuevo modo de vida que él ha asumido [...] Individuos de todas las naciones se han fundido en una nueva raza de hombre» (en Glazer y Moynihan, 1963: 228).

La propia expresión *melting pot* fue acuñada por el dramaturgo americano Israel Zangwill, sirviendo de título a una obra de teatro (1908) en la que se cantaban las excelencias de una América como «crisol de Dios, el gran *melting pot* donde todas las razas de Europa son fundidas y reformadas». Sin embargo, la interpretación de la fusión de razas y culturas como proceso social no tomó forma en Estados Unidos hasta bien entrados los años treinta. La experiencia de los primeros colonos europeos animó a algunos observadores sociales a considerar la posibilidad de que esa experiencia se repitiese con los restantes grupos étnicos llegados de otras partes del mundo, consiguiendo así una verdadera identidad americana que armonizase los diferentes orígenes raciales y generase una fuerte fidelidad a la nación. Sin embargo, ni siquiera entre todas las nacionalidades europeas se consiguió la tan ansiada fusión. El propio Van Den Berghe (1981: 224), defensor del *melting pot*, admite que el proceso fue más difícil para aquellos que no respondían al modelo WASP: los católicos, ortodoxos y judíos; los italianos, rusos, polacos, españoles, griegos, portugueses y franceses; más difícil aún para los asiáticos y latinoamericanos; e imposible para los negros. Sin embargo, a pesar del mantenimiento de las diferencias étnicas, se consideraba que la pluralidad era un estadio intermedio hacia la asimilación o hacia el *melting pot* y, por lo tanto, que desaparecería con el transcurso de varias generaciones. Las creencias religiosas supusieron el mayor obstáculo para la fundición de las culturas europeas en una sola. Los sociólogos de los años cincuenta empezaron a hablar de un «triple *melting pot*», donde los americanos se mezclarían a través de las líneas étnicas, pero sin violar las fronteras religiosas. Se mantendría así un *melting pot* a tres bandas: católica, judía y protestante (Herberg, 1955).

Pero si la religión era un obstáculo importante, la raza constituyó otro imposible de salvar. La armonía podría ser una promesa válida para los blancos pero no para los negros. El argumento básico de los cincuenta fue que el color no reflejaba más que la pigmentación de la piel, sumiéndose el pueblo americano en la ilusión de que América podría llegar a ser una nación unificada. Así se llega a los años sesenta. Archeadecon explica la razón del fracaso del *melting pot*: «Si el éxito de la versión de los sesenta del *melting pot* estuvo basada en el grado por el cual la etnicidad y la religión no tenían mayor importancia, su fracaso descansa en el hecho de que la raza aún continuaba significando mucho» (Archdeacon, 1990:17). El tratamiento de los afroamericanos como blancos de piel negra no parecía tener buenos resultados y, a pesar de una igualdad formal de derechos, las prácticas sociales revelaban una discriminación real hacia determinadas razas y culturas.

Tras la Segunda Guerra Mundial ya se empezaron a oír voces en favor del respeto a la pluralidad cultural, pero habrá que esperar a los años setenta para que la defensa de la diversidad adquiera verdaderos tintes étnicos e incluso radicales, generando, con ello, un intenso debate en el seno de la sociedad americana. En la gestación y desarrollo de esta nueva formulación de las relaciones interculturales encontramos una transición desde una interpretación «débil» del pluralismo hasta una radicalización de las diferencias étnicas (Glazer, 1983).

Entre los antecedentes de este nuevo planteamiento se encuentran las acciones de la Unesco, organismo internacional que ejerció de agente difusor de las nuevas ideas que se estaban gestando entre los expertos en asentamientos inmigrantes. Estos, preocupados por la situación de los inmigrantes en todos los lugares del mundo, organizaron varias conferencias para el análisis de su integración cultural en los países receptores[7].

Estas ideas empezarían a calar hondo en las esferas intelectuales de las sociedades afectadas por la diversidad cultural y racial, emergiendo como paradigma dominante hasta hace pocas fechas. La asimilación, e incluso el *melting pot*, se rechazan por contravenir la ética del derecho de los grupos a mantener su propia identidad, más acorde con los ideales humanitarios occidentales.

Dentro del contexto americano, Nathan Glazer describe la transición sufrida desde un «pluralismo débil» de posguerra hacia la radicalización de las posturas étnicas, que denomina «pluralismo fuerte». El primero se manifiesta a través de la llamada «educación intercultural», movimiento generado en Estados Unidos en los años cuarenta. La educación intercultural es un intento tímido de evitar el conflicto étnico latente en la sociedad americana. Se reconoce el derecho a mantener ciertas peculiaridades culturales (vestigios folklóricos, más que otra cosa), pero siempre dentro de un contexto de lealtades nacionales comunes. Todo ello se acepta, sin embargo, como una etapa transitoria hasta que el tiempo y las nuevas generaciones traigan la tan ansiada homogeneización nacional. Las líneas directrices de este movimiento las expresan sus propios promotores, W. E. Vickery y S. G. Cole, en las proposiciones siguientes[8]:

1. Hay ciertas lealtades y creencias democráticas, así como ciertas prácticas, que han sido establecidas para el bienestar general, y que todos los americanos deben tener en común.

2. El grupo mayoritario dominante puede, con derecho, requerir a individuos y minorías que ni se aíslen de la comunidad general y de la nación, ni se aferren a formas de vida incongruentes con la práctica democrática.

3. Los individuos deben ser libres para practicar y perpetuar sus valores de grupo tradicionales, folklore y costumbres, siempre y cuando no entren en conflicto con los principios democráticos esenciales.

La América de finales de los sesenta vivió una verdadera «explosión» étnica. Las terceras generaciones de inmigrantes no habían sido asimiladas, en contra de todas las previsiones anteriores. Esto, unido al flujo ininterrumpido y masivo de inmigrantes y a los sucesos históricos de la década (Vietnam, violencias raciales, conflictos de clase, etc.), generó una revitalización de la conciencia étnica entre diversos grupos étnicos y raciales americanos. Es el *ethnic revival*. Las tendencias asimilacionistas (WASP) fueron, en los años setenta, fuertemente contestadas como alienantes, contrarias a los derechos de las minorías y antidemocráticas.

Según Glazer, el contenido y los términos del pluralismo habían avanzado bastante desde las primeras formulaciones de la educación intercultural efectuadas treinta años atrás, observándose cuatro diferencias fundamentales (Glazer, 1983:107-110):

— El nuevo movimiento surge directamente de las demandas de los grupos minoritarios para lograr su reconocimiento.
— El pobre logro educativo de muchos grupos que fue utilizado como argumento para negar el derecho a una educación posterior, trabajo, promoción..., a una vida mejor.
— Abandono del prejuicio y discriminación como problema principal de la diversidad étnica. La nueva demanda se centra en el reconocimiento y respeto de los grupos diferenciados, lo cual es diferente a la mera tolerancia solicitada hasta entonces.
— Incorporación del Estado en el compromiso activo con las nuevas tendencias pluralistas.

En definitiva, el «débil» pluralismo cultural pretendía crear un clima favorable para que las diferencias tendieran a desaparecer. La finalidad última es la asimilación; el pluralismo es una etapa transitoria en la que debe primar la tolerancia para que los grupos minoritarios no se sientan agredidos y puedan, con el paso del tiempo, asimilarse a la sociedad dominante. El «fuerte» pluralismo, sin embargo, adopta otras perspectivas diferentes. Son los propios grupos minoritarios quienes organizan su propia defensa, superando actitudes paternalistas de tolerancia hacia ellos. La base fundamental es que los grupos se mantendrán diferenciados, aún con el paso del tiempo; no es una fase transitoria hacia su desaparición. Esto, además de una realidad constituye un valor social: hay razones pragmáticas y éticas por las cuales el Estado debe promover y mantener la diversidad.

Los líderes negros empezaron a requerir políticas concretas de actuación para mejorar la situación de su grupo. Esta llamada a la «acción positiva» trascendió pronto los límites de la comunidad negra. Representantes de diferentes grupos étnicos o culturales blancos también expresaron la necesidad de mantener una diversidad y una fidelidad a los propios orígenes. Así, apareció toda una generación de observadores que propugnaban la necesidad de replantearse los procesos de reconstrucción nacional americana a partir del insoslayable «mosaico étnico». Esta generación de autores titula sus obras con sugestivas alusiones a la persistencia étnica, como *The decline of the Wasp* (El declive del WASP), de P. Schrag (1971); *The rise of unmeltable ethnics* (El ascenso de las etnias infundibles), de M. Novak (1971); o *Blood of my blood* (Sangre de mi sangre), de R. Gambino (1975).

La década de los setenta será la época en que la problemática de la integración cultural de los inmigrantes adquirirá una fuerza renovada en todo el contexto internacional receptor de inmigrantes, asumiendo los siguientes rasgos fundamentales:

— Las minorías tienen el derecho a preservar su propia cultura e identidad grupal.
— Esto, además de un derecho, empieza a ser reconocido por diversos sectores sociales e institucionales como un valor positivo para la sociedad general. La diversidad cultural es un rasgo insoslayable de las sociedades modernas.
— El Estado debe tomar parte activa en la defensa de estos derechos de las minorías, así como en la formación de los ciudadanos para reconocer los efectos positivos de la diversidad étnica.

En relación a este último punto cabe señalar la actitud del Gobierno canadiense, el cual asume la diversidad cultural como base de una política activa multicultural diseñada en los setenta.

Aun así, el desarrollo del pluralismo cultural no está exento de dificultades, tanto prácticas como teóricas. Dentro de este segundo grupo se encuentra una cierta indefinición del concepto así como la ambigüedad de sus contenidos. La idea común es la de que se debe preservar la cultura de los grupos constituyentes de una sociedad. Estos rasgos culturales, sin embargo, no deben colisionar con la formación de una unidad social común a todos ellos. Así, el modelo pluralista de relaciones interétnicas se basaría en el mantenimiento de peculiaridades culturales, generalmente adscritas a las esferas privadas, mientras se mantiene un «marco de referencia compartido» que evite la fragmentación social y posibilite la adhesión a la sociedad global. Dentro de este «marco de referencia compartido» debe incluirse la pluralidad cultural como valor socialmente consensuado. De cualquier modo no se han definido aún los contenidos de aquello que puede permanecer diferenciado y de lo que debe ser compartido.

Las dificultades prácticas del modelo pluralista se manifiestan a través de dos evidencias históricas:

— El proceso de convivencia multirracial está salpicado de tensiones sociales, no habiéndose erradicado aún ni el prejuicio racial ni las actitudes xenófobas. Esta situación se mantiene tanto en aquellas sociedades acostumbradas a la convivencia intercultural (Estados Unidos) como incluso en las que se sustenta institucionalmente el modelo pluralista (Canadá).

— La aparición de Europa occidental como área alternativa de inmigración internacional ha avivado la polémica sobre la plausibilidad de la integración pluralista. El respeto a las minorías raciales y culturales parece una verdadera utopía en los países europeos, donde aún determinados grupos de inmigrantes constituyen minorías muy marginales, donde la población europea no parece querer renunciar a una herencia cultural secular, donde se debate con renovada fuerza la adhesión a comunidades nacionales autóctonas y donde, en definitiva, se vive con especial tensión el dualismo entre las filosofías universalistas y particularistas.

Con este nuevo contexto de recepción inmigrante y con la sensación de un pluralismo carente de contenido, más ideológico que real, nos volvemos a encontrar en la actualidad con el mismo dilema que hace cien años: cómo evitar el prejuicio y la discriminación hacia ciertos grupos minoritarios. Pero si esta incógnita pertenece al ámbito de la ética (lo que «debe» ser), no ha corrido mejor suerte la definición científica de los procesos de inserción inmigrante en las sociedades receptoras (lo que realmente «es»). El debate en torno al asentamiento de inmigrantes y a las relaciones interétnicas no sólo no se ha resuelto, sino que adquiere renovada fuerza imponiéndose viejos y nuevos argumentos en favor de los modelos paradigmáticos de integración ya definidos. Así, en lugar de una transición lineal hacia nuevos modelos de integración, se cierra un círculo en torno a los ya delimitados en función de las condiciones históricas, de los contextos de recepción y de los grupos marginales implicados en la inmigración.

3.2 El debate en torno a los modelos de integración

Como afirmábamos antes, los modelos de convivencia y las diferentes percepciones de las estrategias que los inmigrantes (para algunos también los autóctonos) deberían adoptar para integrarse plenamente en la sociedad de acogida han sido objeto de intensos debates y controversias sociales en las últimas décadas. En este debate se pueden diferenciar dos dimensiones. Una científica, que alude a los procesos que se producen como resultado de la interacción étnica; aquí se incluyen las argumentaciones de asunción o rechazo de los modelos en función de su verificación empírica o plausibilidad sociológica. La otra de carácter ético-ideológico. La base de la que emanan los argumentos deriva de la ética occidental de los derechos humanos, realzando en unas ocasiones el derecho a la identidad cultural y a la diferencia, y en otros el derecho a la inserción igualitaria y democrática de las minorías en la estructura social de la comunidad receptora.

Hemos visto que los paradigmas sobre la interacción entre poblaciones dominantes y marginales han seguido una dirección secuencial en cuanto a su aparición en la escena sociológica internacional. Sin embargo, pese a las previsiones de éxito de la fórmula pluralista, han vuelto a adquirir importancia los denostados modelos de la asimilación y del *melting pot*.

La homogeneización de las sociedades receptoras, tanto en su versión asimilativa como ecléctica *(melting pot),* es defendida desde dos posiciones: la no demostración fehaciente de que la diversidad cultural es un rasgo social permanente, por un lado, y la posibilidad única que ofrece para unas relaciones intergrupales verdaderamente democráticas.

Una de las principales contestaciones actuales al mítico pluralismo étnico proviene de Stephen Steinberg. Para este autor la «fiebre étnica» de los setenta no tiene base objetiva alguna, sino que obedece a intereses de clase. Basándose en las teorías de H. Gans sobre la etnicidad simbólica, Steinberg arguye que la supervivencia de las culturas étnicas en América no son sino una «boqueada agonizante» de los descendientes de inmigrantes en Estados Unidos. No supone una genuína revitalización de la etnicidad, sino un síntoma de la atrofia de las culturas étnicas. Esta atrofia fue ya descrita por Gans en su análisis del judaísmo (1956) y aplicada posteriormente a la generalidad de las terceras generaciones de inmigrantes (1979). Herbert Gans afirmaría que el judaísmo tradicional ha sido suplantado por un judaísmo simbólico, en el sentido de que ha perdido sustancia real y unidad orgánica. La atrofia cultural ocurre cuando los símbolos culturales pierden su poder evocativo y cuando la cultura superviviente posee un mínimo poso intelectual o espiritual que no está integrado en las circunstancias materiales de la vida de la gente. Para Gans, la supervivencia étnica de las segundas generaciones en realidad no es tal, sino que es más visible (Gans, 1979: 5-6). Las terceras y cuartas generaciones viven una etnicidad diferente. Para estas generaciones la cultura étnica es sólo una memoria ancestral o una exótica tradición. Su hipótesis es que «en esta generación, la gente está cada vez menos interesada en sus culturas y organizaciones étnicas, y a la vez más preocupada por mantener su identidad étnica, por el sentimiento de ser judío, o italiano, o polaco, y por la búsqueda de formas apropiadas de sentir y expresar esta identidad. Pero la identidad (elementos psicosociológicos que acompañan a la conducta) y el rol étnico son hoy elementos más voluntarios que adscritos» (*ibid.*: 7-8).

Las funciones de las culturas y grupos étnicos han disminuido y la identidad es la principal forma de ser étnico; por tanto la etnicidad tiene una función expresiva más que instrumental en la vida de la gente. Los símbolos étnicos, separados de la cultura que les dio significado, se quedan vacíos, se quedan en mera fórmula afectiva. Esto constituye la nueva forma de vivir la etnicidad en las terceras generaciones: una etnicidad simbólica. El surgimiento de esta nueva forma de etnicidad no es incompatible con un proceso más amplio hacia la asimilación.

Estas ideas defendidas por Gans sirven de punto de partida a otros autores que consideran que el resurgir étnico en realidad es una etapa transitoria hacia la desaparición de la diversidad étnica. Hay evidencias de que la asimilación ha ocurrido ya en otras facetas de la vida social, e incluso en el ámbito de determinadas características culturales y religiosas (Steinberg, 1981; Alba, 1990; Archdeacon, 1990...).

Además de las explicaciones relativas a la fuerza *de facto* del proceso de homogeneización sobre la posibilidad de mantener indefinidamente una pluralidad cultural, también existe una defensa valorativa de que tal igualdad es el mejor resultado de la interacción que puede producirse, tanto para la sociedad general como para los grupos minoritarios. Los argumentos esbozados entroncan con la teoría del conflicto de clases sociales. Steinberg se posiciona en contra de la pluralidad étnica por entender que la diferenciación mantiene y reproduce las desigualdades sociales. Su análisis del éxito judío y del interés de este grupo étnico en mantener su diferencia revela intereses de clase y el deseo de perpetuar la posición social alcanzada, evitando, con ello, que otros grupos étnicos compitan socialmente en igualdad de condiciones. La diferencia de clases es más importante que el de la diferencia étnica, escribirá Steinberg. «El conflicto étnico es, muchas veces, una manifestación superficial de un conflicto de carácter de clase» (Steinberg, 1981:172). El ideal del pluralismo cultural ha fracasado, a juicio de este autor, por intentar establecerse en una sociedad afectada por grandes desigualdades sociales. A Steinberg le llama la atención el hecho de que sean precisamente los grupos étnicos más asimilados y mejor posicionados en la jerarquía social los que reclaman con mayor fuerza su derecho a la diferencia. Llegará a afirmar que hay dos clases de grupos étnicos que presentan diferentes estrategias hacia el mantenimiento de las fronteras étnicas: los privilegiados y los desaventajados. Cuando la etnicidad está asociada a la desventaja social, los grupos tienen fuertes razones para desear la asimilación: conseguir con ella mejorar su nivel de vida. Esto se produce especialmente cuando un estigma racial o étnico marca a un grupo a fin de justificar su explotación. Entonces, la eliminación de las marcas de diferenciación étnica se convertirá en la estrategia más urgente a seguir. Los propios grupos étnicos han contribuido activamente a enterrar su supervivencia cultural en aras de una movilidad social imposible de conseguir en la diferencia.

Steinberg considera que hay una tensión fundamental entre pluralismo y democracia que se manifiesta en la colisión frecuente que, en la práctica, se produce entre dos derechos fundamentales: el derecho a mantener la culturas originarias y el derecho a la igualdad de oportunidades (no discriminación). Esta tensión queda reflejada en determinadas prácticas de los grupos étnicos: de la misma forma que los grupos étnicos tienen razones de clase para derrumbar las barreras étnicas «delante de ellos» (apelación a los principios democráticos) también las tienen para construirlas «detrás de ellos» (apelación a los principios pluralistas). En un intento de reconciliar ambos principios, Glazer y Moynihan propusieron una distinción entre «discriminación positiva» y «discriminación negativa». La primera se efectuaría para defender algo positivo más que la exclusión de alguien en base a su raza; la segunda sería la basada en el prejuicio puro (Glazer y Moynihan, 1963: XXXVIII). La réplica de Steinberg hace referencia a la exclusión histórica de judíos e irlandeses por parte de los protestantes, quienes también en ese caso apelaban a su derecho a mantener el carácter étnico de sus barrios y clubes. «Entonces, la discriminación negativa se produce cuando nosotros somos excluidos y la positiva cuando nosotros excluimos a los demás» (Steinberg, 1981: 259).

En principio la pluralidad étnica sólo es posible, a juicio de Steinberg, cuando existe una paridad básica entre los grupos constituyentes. Sólo entonces el pluralismo se vería libre de sesgos clasistas y sería consistente con los principios democráticos. Ahora bien, ¿podría un pluralismo basado en la igualdad ser de algún modo estable y duradero?, se pregunta el autor. La respuesta es negativa, si se tiene en cuenta la experiencia vivida. Los grupos étnicos que han experimentado movilidad social ascendente han tenido tales ratios de exogamia que su futuro es francamente dudoso. Sin desigualdades de clase sólo se puede uno imaginar una aceleración hacia el abandono étnico, en la medida en que las fuerzas asimiladoras están libres de restricciones de clase.

«Las esperanzas de los pluralistas étnicos dependen no sólo de la preservación de las tradiciones étnicas, sino también de la preservación de las divisiones de clase que refuerzan las fronteras étnicas» (Steinberg, 1981: 261). La solución para Steinberg, sin embargo, no es la asimilación a la americana de los grupos étnicos, sino la creación de una sociedad no alienante que evite la necesidad de recurrir a viejos simbolismos del pasado a los que aferrarse.

Así, las interpretaciones de la situación multiétnica actual de muchas sociedades no van siempre en la misma dirección. Mientras para unos la asimilación es un proceso inexorable, dentro de la cual la pluralidad actual es tan sólo una fase, para otros tal pluralidad es la manifestación incontestable del fracaso asimilacionista. Mientras para unos la pluralidad étnica reproduce las desigualdades sociales, para otros el mantenimiento de la propia identidad constituye uno de los principales principios democráticos y se inscribe plenamente en la ética de los derechos humanos fundamentales.

Se ha visto anteriormente cómo en los años setenta la defensa del pluralismo cobra especial importancia entre determinados grupos étnicos, dando lugar al conocido *ethnic revival*. Esta defensa de la diversidad se ha producido no sólo desde estos grupos étnicos minoritarios, sino que se ha constituido en bandera ética de los organismos internacionales preocupados por los derechos de las minorías e incluso ha cristalizado en políticas institucionales multiculturales (Canadá y Australia). El principio ético que guía la defensa del pluralismo es el derecho a la diferencia y a mantener la propia identidad originaria como base sustancial del individuo. Una doble dinámica experiencial sustenta su viabilidad práctica, por un lado, y su conveniencia, por otro. La primera es el mantenimiento de las fronteras étnicas en sociedades multirraciales incluso después de varias generaciones de inmigrantes; la segunda es el fracaso de la asimilación como proceso previo para la erradicación del prejuicio y la discriminación.

Se admite que en algunos casos se ha producido la pérdida de rasgos culturales originarios mediante la adquisición de los pertenecientes a la sociedad dominante, si bien este proceso es más resultado de una elección individual que una estrategia grupal generalizada. Esto, sin embargo, no ha reducido los niveles de racismo y xenofobia hacia los individuos asimilados. Cicourel (1983) comenta cómo los puertorriqueños y los chicanos asentados en Estados Unidos se han esforzado por asimilarse, evitando incluso la reclusión en enclaves étnicos y adoptando el inglés como lengua. Aun así no han cesado los prejuicios y la discriminación hacia ellos por parte de la sociedad anglosajona dominante. Por otro lado, la permanencia de las distinciones étnicas a nivel grupal es un hecho reconocido prácticamente por todos, defensores y detractores del pluralismo cultural. Sólo que para unos esto es sólo una fase hacia la asimilación final, ya que el contenido objetivo originario de la etnicidad se ha perdido irremediablemente, quedando meramente los aspectos simbólicos de la identidad.

Contra estas teorías, uno de cuyos máximos exponentes es Richard D. Alba, junto con H. Gans y S. Steinberg, se manifiesta R. J. Vecoli en su análisis sobre la situación de los ítalo-americanos en Estados Unidos. Tras un breve recorrido histórico sobre los procesos de inserción de la comunidad italiana en la sociedad americana, en el cual se abarcan tres generaciones, Vecoli llega a la conclusión de que la etnicidad es un fenómeno importante entre los americanos de origen italiano. El autor admite que se han producido algunos cambios culturales y que la mutación de contenidos de la etnicidad es un hecho incontestable. Pero a diferencia de los que sentencian a muerte la etnicidad, Vecoli admite estos cambios como resultado de la modernización que sufren los pueblos en general; es decir, dentro de una dinámica de cambio que experimenta toda sociedad no estática. Es más, aunque el contenido objetivo se hubiese desvirtuado o transformado, lo esencial es que existe una conciencia de semejanza que cohesiona a los miembros de un grupo: esto es el grupo étnico.

Los grupos étnicos, por tanto, siguen organizando buena parte de la vida social, tal y como ya definieran Glazer y Moynihan en 1963 en su conocida obra *Beyond the Melting Pot*. Obviar la fuerza de la etnicidad es caer en el reduccionismo materialista del que ya habíamos hablado en el capítulo primero. Otro autor de origen italiano, Richard Juliani, realizará una dura crítica a la obra de Steinberg, *The ethnic myth*, fundamentalmente en lo concerniente a los riesgos antidemocráticos del pluralismo, tildándolo de materialista. Además de opinar que no se produce la atrofia étnica anunciada por Steinberg, Juliani, al igual que muchos otros autores [9], considera que la pluralidad puede tener efectos democratizadores. La no asimilación puede suponer para muchos americanos, por primera vez en la historia, el sentirse miembros de la sociedad. Facilita la comprensión de sí mismos y capacita para la comprensión de los demás. Puede promover justicia social mejor que la asimilación (Juliani, 1982).

Esta idea, no desarrollada en profundidad por Juliani, inspira las políticas multiculturales como la canadiense. Pero más que con una tesis verificada, los promotores de la política multicultural sólo cuentan con una hipótesis de trabajo cuya veracidad queda aún por comprobar: el cumplimiento de la llamada asunción multicultural frente a la asunción etnocéntrica. La primera establece que la actitud positiva hacia el propio grupo (alentada por el pluralismo cultural) genera una actituud positiva hacia los demás. La asunción etnocéntrica reconoce que la actitud positiva hacia el propio grupo genera actitudes negativas hacia los demás, con lo cual el pluralismo cultural no haría sino agrandar las tensiones intergrupales. De ser cierta la asunción multicultural, la promoción del pluralismo serviría para mejorar las relaciones democráticas de la sociedad en general, mientras que si la asunción etnocéntrica es la que resulta acertada el pluralismo tendría efectos negativos para la democratización de las relaciones raciales. La política multicultural canadiense se basa en la validez de la asunción multicultural: «La promoción del multiculturalismo conduce a una creciente confianza en la propia identidad, la cual, a su vez, conduce al respeto por la identidad de los otros» (palabras del primer ministro canadiense pronunciadas en 1971 con motivo de la presentación de la política multicultural. Citado en J. Berry y otros, 1977: 225).

La investigación llevada a cabo por el equipo de Berry muestra que dependiendo de las medidas de la confianza y seguridad en la propia identidad se validan ambas asunciones: la multicultural y la etnocéntrica. El problema, a juicio de los autores, estriba en la consideración de ciertos fenómenos como similares, cuando en realidad son sustancialmente distintos: la evaluación del grupo (positiva o negativa) no es lo mismo que la seguridad en él. Entroncando con las teorías de Adorno sobre la personalidad autoritaria y etnocéntrica, Berry afirma que una evaluación positiva del *ingroup* puede efectuarse crítica o acríticamente. La hipervaloración positiva del etnocéntrico le lleva a infravalorar a los demás; esa valoración no objetiva se deriva de un sentimiento de inseguridad. Así planteado el problema, la inicial contradicción desaparece: la evaluación positiva del propio grupo basada en elementos objetivos y con carácter crítico lleva asociada un reconocimiento hacia los otros diferentes. De este modo, se valida, a juicio de estos autores, la asunción multicultural. Ahora bien, una política multicultural debe favorecer la autoevaluación positiva objetiva, aceptando al propio grupo, pero debe evitar estimular una autoevaluación positiva defensiva.

Hasta aquí hemos expuesto los argumentos principales que se esgrimen a favor de unos y otros modelos y que han constituido el grueso del debate en torno a los modelos de integración o marcos de convivencia entre autóctonos e inmigrantes. Debate, por lo demás, inacabado. Ciertamente el pluralismo cultural aparece ante la mayoría como el modelo más deseable y éticamente bien fundamentado. Sin embargo se desenvuelve en una gran imprecisión práctica y en medio de una notable ambigüedad. Quedan por resolver los aspectos prácticos organizativos de la convivencia multicultural, esto es: la elaboración de un «marco de referencia compartido» que respete de forma simultánea los derechos humanos básicos individuales y colectivos y que, a la vez, genere un sentimiento de pertenencia a una misma colectividad humana capaz de elaborar un proyecto histórico común.

4. El contexto europeo

Decíamos al inicio del capítulo que el fenómeno migratorio que más afecta actualmente a España es el de la inmigración, ya que desde hace ya varios años el saldo migratorio del país es favorable a las afluencias de extranjeros; tendencia que no hace sino incrementarse con el paso del tiempo. Ello supone, decíamos, plantearse las estrategias a seguir para asegurar una convivencia entre la población autóctona y los colectivos, cada vez más numerosos, de inmigrantes extranjeros. Conocidas éstas desde una perspectiva global, en base a experiencias de otros contextos, así como sus implicaciones sociales y los debates a que han dado lugar en los últimos tiempos, bueno será conocer ahora la situación inmigratoria de España, el tratamiento institucional de la extranjería y las actitudes sociales hacia la inmigración y los inmigrantes. Ahora bien, dado que España es miembro de una unidad geopolítica supranacional, como es la Unión Europea, y que esta pertenencia condiciona en alguna medida el tratamiento de este fenómeno en aras de la consecución de un tratamiento común u homologable entre los países de la Unión, nos parece oportuno conocer este marco europeo en el que España se desenvuelve antes de abordar la extranjería en nuestro país. A ello nos dedicamos en este apartado.

4.1 Inmigración en la UE

Actualmente más de 17 millones de extranjeros residen en el conjunto de los 15 países de la Unión Europea, lo que supone en torno al 5% de la población total comunitaria. A esta situación se ha llegado tras varias décadas de afluencias hacia los países europeos.

Los flujos de inmigración hacia los países de la Unión Europea no han seguido una tendencia lineal desde los años sesenta hasta la actualidad. No obstante, a pesar de las fluctuaciones y de las fuertes restricciones que se han puesto a la inmigración, las afluencias de inmigrantes se han incrementado globalmente en las últimas décadas. La evolución de los saldos migratorios (inmigraciones menos emigraciones) en el conjunto de los países de la UE nos da una idea indirecta del crecimiento de estas afluencias, fundamentalmente desde los años ochenta (figura 4.1).

Salvo períodos muy concretos, las inmigraciones han superado a las emigraciones en el espacio de la UE, dando como resultado saldos migratorios positivos. Estos saldos se han ido incrementando desde el año 1988, alcanzando máximos históricos en los años 1989-1992. Teniendo en cuenta exclusivamente las afluencias de extranjeros, los países de la UE llevan ya varios años superando, en su conjunto, el millón de inmigrantes anuales. Concretamente, y según datos del EUROSTAT, durante el año 1994 llegaron a los 15 países de la Unión más de 1.341.631 inmigrantes extranjeros (véase la figura 4.2, en la que no aparecen las afluencias para Austria). De ellos, el 22,6% son personas cuya nacionalidad es de

Figura 4.1 Evolución de los saldos migratorios en el conjunto de los países de la UE (15), 1960-1994

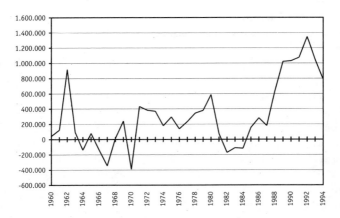

FUENTE: Elaboración propia a partir de EUROSTAT, *Migration Statistics 1996*.

otro país miembro de la Unión. Son los llamados *extranjeros co-munitarios*. El 77,4% restante lo constituyen aquellos extranjeros cuya nacionalidad es de un país no miembro de la Unión. Proceden, por tanto, de terceros países y son conocidos como *extranjeros no comunitarios* o *extracomunitarios*.

Podemos afirmar que la extranjería en la UE es, eminentemente, de carácter no comunitario, si bien en el seno de la Unión existen diferencias importantes, tanto desde el punto de vista del volumen de extranjeros que llegan a cada país miembro, como en la composición de esta extranjería. Así, el país que se sitúa a la cabeza en la recepción de inmigrantes es Alemania, con notable diferencia con respecto a los demás países miembros. Le siguen el Reino Unido, Suecia, Holanda, Francia, Bélgica e Italia. El resto recibe un número de inmigrantes sensiblemente inferior. La composición de estos inmigrantes por ciudadanía es también muy diferente por países. Sólo Luxemburgo e Irlanda reciben un número de extranjeros comunitarios superior al de extracomunitarios. El resto se mueve en composiciones que van desde la casi igualdad de ambos tipos (Bélgica) hasta más del 90% de inmigración extracomunitaria (Suecia).

Figura 4.2 Afluencias de inmigrantes a la UE según ciudadanía, por países, 1994

	Número de inmigrantes	Comunitarios	No comunitarios	% com.	% no com.
Bélgica	55.965	27.032	28.933	48,30	51,70
Dinamarca	20.979	6.827	14.152	32,54	67,46
Alemania	794.992	167.572	627.420	21,08	78,92
Grecia	18.287	4.333	13.954	23,69	76,31
España	18.551	5.793	12.758	31,23	68,77
Francia	64.102	11.302	52.800	17,63	82,37
Irlanda	17.400	10.100	7.300	58,05	41,95
Italia	52.716	6.727	45.989	12,76	87,24
Luxemburgo	9.123	7.148	1.975	78,35	21,65
Holanda	66.496	15.356	51.140	23,09	76,91
Austria	—	—	—	—	—
Portugal	5.653	2.458	3.195	43,48	56,52
Finlandia	7.633	1.042	6.591	13,65	86,35
Suecia	74.734	6.972	67.762	9,33	90,67
R.Unido	135.000	30.000	105.000	22,22	77,78
TOTAL	1.341.631	302.662	1.038.969	22,56	77,44

FUENTE: EUROSTAT, 1996.

El predominio de la inmigración extracomunitaria en la Unión Europea es una tendencia consolidada y en ascenso durante las últimas décadas. Como muestra de ello sirva la evolución de la composición de la población en el conjunto de los 15 países de la UE que se muestra en la fig. 4.3. Mientras la población nacional se ha incrementado en tan sólo un 1,5% en el conjunto de los 10 años del período, la comunitaria presenta un crecimiento algo superior (un 10%). Sin embargo, la población residente en la UE que procede de terceros países ha experimentado en este período un incremento de más del 50%. El predominio creciente de las afluencias de inmigrantes no comunitarios queda claramente reflejado en esta evolución demográfica de la población europea. De este modo, y tomando como indicador el stock de inmigrantes

Figura 4.3 Evolución de la población de la UE (15), según ciudadanía, 1985-1994 (miles)

Años	Comunitarios	No comunitarios	Nacionales
1985	5.153,3	7.560,7	345.748,6
1986	5.159,6	7.664,8	346.299,4
1987	5.272,4	7.229,8	346.947,1
1988	5.233,0	7.911,3	347.632,5
1989	5.359,0	8.487,2	348.235,2
1990	5.310,6	9.542,9	348.861,4
1991	5.407,1	10.438,9	349.603,0
1992	5.448,5	12.098,3	349.515,4
1993	5.479,6	12.251,2	351.247,9
1994	5.556,0	11.679,8	351.228,8

Población extranjera en la UE (15), 1985-1994

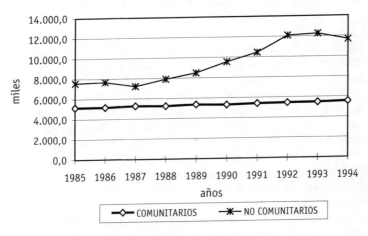

FUENTE: EUROSTAT, 1996, y elaboración propia.

extranjeros en la UE (residentes extranjeros registrados a finales de cada año), la composición de esta extranjería en el seno de la UE mantiene una tendencia clara hacia el predominio de la po-

Figura 4.4 Composición de la población no comunitaria residente en la UE (15) según grupos de ciudadanía, 1994

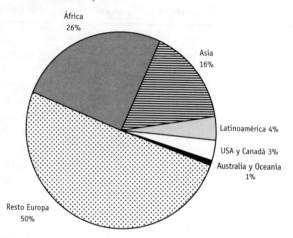

FUENTE: Elaboración propia a partir de EUROSTAT, 1996.

blación extranjera no comunitaria: si en 1985 la proporción de extranjeros no comunitarios suponía el 59% del total de extranjeros, en 1994 dicha proporción ascendía al 68%.

A su vez, esta población extranjera no comunitaria residente en la UE se distribuye por ciudadanía según aparece en la figura 4.4. La mayor parte de estos extranjeros proceden de la Europa no comunitaria (5.915.600). Hay que tener en cuenta que entre estas nacionalidades europeas se incluye la turca, que es precisamente la comunidad más numerosa de este grupo (2.655.600 de turcos residían en la UE en 1994). Del resto, son los africanos los extranjeros más numerosos (2.987.500), seguidos de asiáticos (1.830.000), latinoamericanos (451.700), estadounidenses y canadienses (399.500) y, finalmente, australianos y oceánicos (95.500).

Teniendo en cuenta el género de los extranjeros que residen en la UE, podemos decir que la inmigración masculina es ligeramente superior a la femenina. Pero las diferencias no son importantes, constatándose una tendencia hacia el equiparamiento entre sexos en la toma de decisión de migrar. Si tradicionalmente la migración era un fenómeno mayoritariamente masculino (sobre todo la económica y temporal), en las últimas décadas las mujeres se están incorporando a los movimientos migratorios con más rapidez que los hombres, de manera que, partiendo de una situación de dominio masculino se está llegando a una igualdad en el volumen de migrantes y de residentes extranjeros. La creciente feminización de la migración se está llevando a cabo en las diferentes formas de migrar. Ciertamente la reunificación familiar (uno de los principales tipos migratorios de los últimos años) incide en un crecimiento de la inmigración femenina, en la medida en que los casos de inmigrantes que se han asentado en un país y solicitan reunir en él a su familia han sido, tradicionalmente, varones. La reunificación familiar, por tanto, favorece el desplazamiento de mujeres más que de hombres. Sin embargo, en los últimos años se está produciendo un incremento de la migración femenina que no obedece a la reunificación familiar, sino a que son cada vez más las mujeres que buscan trabajo por sí mismas en un país extranjero. Es más, en muchos casos, y por estrategias familiares, las mujeres emigran solas temporalmente con el fin de mejorar las condiciones de vida de la familia que dejan en el país de origen. Por último, la migración femenina también crece debido al aumento de un nuevo tipo migratorio: el de la tercera edad procedente de los países más desarrollados. Dado que la esperanza de vida femenina es superior a la masculina, es de esperar (pues no hay datos detallados al respecto) que entre este tipo de extranjeros predominen las mujeres sobre los hombres.

Si bien a nivel global la extranjería europea masculina supera en número a la femenina, no todos los inmigrantes europeos presentan las mismas proporciones por sexos en función de su ciudadanía (figura 4.5).

Existen tres colectivos de inmigrantes en donde las mujeres superan en número a sus compañeros varones: los latinoamericanos, los australianos y oceánicos, y los nacionales de Estados Unidos y Canadá. Los motivos de emigrar de las latinoamericanas probablemente serán diferentes a los de los países occidentales más desarrollados. En el primer caso estaríamos ante las estrategias familiares de búsqueda de medios económicos para mantener a las familias en origen, mientras que en el segundo,

Figura 4.5 Distribución por género de la población extranjera residente en la UE (15) según ciudadanía, 1994

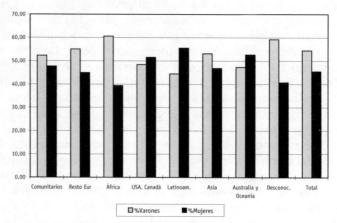

FUENTE: Elaboración propia a partir de EUROSTAT 1996.

probablemente las razones de una mayor inmigración femenina haya que buscarlas en el incremento de los desplazamientos de la tercera edad.

Del resto de colectivos cabe resaltar el de los africanos y aquellos cuya nacionalidad es desconocida o son apátridas. Son estos casos en donde las diferencias entre varones y mujeres son mayores, en favor de un predominio de inmigración masculina.

Los datos publicados sobre población extranjera para el conjunto de los países de la UE no permiten establecer más descripciones de estos colectivos. Baste, sin embargo, lo presentado hasta aquí para enmarcar la situación de extranjería en nuestro contexto más inmediato, teniendo en cuenta las siguientes recapitulaciones:

— Las afluencias de inmigrantes hacia la UE, a pesar de fluctuaciones coyunturales, presentan una tendencia ascendente durante la última década.
— Los flujos que más se incrementan son los de población no comunitaria, mientras que los de extranjeros comunitarios mantienen una cierta estabilidad.

— En el seno de la UE es Alemania el país con mayor volumen de inmigrantes. Con respecto al peso de la inmigración sobre el total de población, sólo Bélgica y Luxemburgo superan el 8,5% de Alemania, pero en el caso de Luxemburgo la inmigración es eminentemente comunitaria, y en Bélgica ambos colectivos, comunitarios y no comunitarios, son prácticamente iguales en número; en Alemania la mayoría de extranjeros proceden de países no comunitarios. En este sentido cabe destacar la situación de Suecia, Finlandia, Italia y Francia, países en los que la inmigración no comunitaria supera el 80% de su población extranjera.

— De la población extranjera residente en los 15 países de la UE, más de la mitad procede de otros países europeos. En este sentido hay que tener en cuenta que el EUROSTAT incluye a los turcos en la categoría de «otros europeos», siendo este colectivo el más numeroso dentro de dicha categoría. El siguiente gran grupo procede de países del continente africano (26%), seguido de los ciudadanos de países asiáticos (16%).

— Cabe decir que en la UE hay más hombres que mujeres extranjeras, pero las distancias entre unos y otros se acortan con el paso del tiempo debido a un incremento notable de la inmigración femenina a nivel mundial durante los últimos años.

4.2 El tratamiento europeo de la extranjería

En términos generales, la elaboración de políticas europeas ha seguido dos procedimientos bien distintos, a los que Niessen (1996) denomina procedimiento *comunitario* y procedimiento *intergubernamental*. El procedimiento comunitario es aquel en el que la toma de decisiones las realizan las instituciones comunitarias, mientras que el procedimiento intergubernamental es aquel en el que las decisiones son tomadas por las instituciones de los Estados miembros en colaboración conjunta. El nuevo Tratado de la Unión Europea de 1992 (Tratado de Maastricht) supuso la incorporación efectiva de un nuevo procedimiento mixto: la toma de decisiones en colaboración entre las instituciones de cada Estado y las propiamente comunitarias.

En el campo de las migraciones el procedimiento comunitario ha sido utilizado fundamentalmente para elaborar políticas relativas a los desplazamientos de ciudadanos comunitarios en el seno de la Unión, así como para promover la igualdad de trato de estos ciudadanos. El procedimiento intergubernamental es el que se ha venido siguiendo para elaborar políticas relativas a la inmigración no comunitaria y al derecho de asilo (política exterior).

La extranjería en la UE quedó, desde los inicios del proyecto europeo, claramente dividida en dos categorías, la comunitaria y la no comunitaria; categorías bien diferenciadas no sólo en lo relativo a la libertad de movimientos o a los derechos de los inmigrantes, sino incluso en lo relativo a los procedimientos de adopción de políticas inmigratorias. Mientras los ciudadanos comunitarios están a medio camino entre la extranjería y la ciudadanía nacional, los no comunitarios pertenecen de lleno a la alteridad ciudadana legal.

En el seno de la UE pronto se percibió que un verdadero espacio común requería una ciudadanía única europea. Aunque tal estatus no ha sido conseguido plenamente, pues los ciudadanos extranjeros comunitarios no poseen todos los derechos y deberes que caracterizan a los nacionales de cada país, lo cierto es que se han dado pasos importantes en este sentido, culminado con la entrada en vigor en 1999 del Tratado de Amsterdam de 1997 (tercera revisión de los tratados fundadores). Así, el ciudadano comunitario puede desplazarse, asentarse y trabajar libremente en cualquier parte de los países de la Unión, sin más requerimientos que los administrativos y burocráticos [10]. A los derechos laborales implantados entre 1958 y 1972, les siguieron los derechos sociales (seguridad social, vivienda...) adquiridos a partir de los setenta y, por último, los derechos políticos en los noventa (derechos de voto y candidaturas a las elecciones europeas y locales o municipales). La única restricción legal de los ciudadanos comunitarios es el derecho al voto en las elecciones nacionales. De este modo se consolida a finales de los noventa la diferenciación entre dos tipos de extranjerías en la UE: la comunitaria, para la que se dedica el término de ciudadanía europea, y la no comunitaria, a la que se denominará inmigración sin más.

La trayectoria tendente a la construcción de una ciudadanía europea dista mucho de la seguida para el caso de los ciudadanos no comunitarios. La inmigración procedente de terceros países, así como la articulación del derecho de asilo, han sido considerados tradicionalmente asuntos que pertenecen íntegramente al ámbito de la soberanía nacional. De ahí que no exista una política común para el conjunto de la UE en materia de extranjería no comunitaria y asilo, dándose grandes diferencias en su tratamiento dependiendo de cada país miembro. Cada país elabora las políticas de admisión, residencia y trabajo para inmigrantes no comunitarios que estima oportunas, en función de sus situaciones económicas, políticas e históricas. Así, países con reconocida historia colonial, como Portugal, España, Holanda, Reino Unido y Francia, reconocen estatus especiales (admisión, residencia y adquisición de nacionalidad) para los ciudadanos procedentes de las antiguas colonias. Otros, como Finlandia, Alemania o Grecia, reconocen derechos diferenciales a los extranjeros que son considerados étnicamente fineses, alemanes o griegos, respectivamente. La reserva de estas materias para la política nacional, y las diferentes situaciones de los países de la Unión frente a terceros, hacen verdaderamente difícil la asunción de una política común de inmigración. No obstante, han sido varios los intentos de establecer líneas y estrategias comunes que armonicen las políticas nacionales y reduzcan las diferencias mencionadas [11].

El Tratado fundador de Europa comunitaria (Tratado de Roma de 1957) ha sido revisado y reformulado en tres ocasiones: la primera en 1986 con el Acta Única Europea (firmada en Luxemburgo y La Haya y con entrada en vigor el 1 de julio de 1987), la segunda en 1992 con el nuevo Tratado de la Unión Europea, o Tratado de Maastricht (en vigor el 1 de noviembre de 1993), y la tercera en 1997 con el Tratado de Amsterdam (con entrada en vigor el 1 de mayo de 1999). Cada una de estas reformulaciones ha incidido en el tratamiento de la extranjería, tanto a nivel comunitario como extracomunitario.

El Acta Única Europea se dedicó en gran medida a dar un impulso definitivo a la creación de un mercado interior libre de trabas. Con ello se consagra la supresión de las fronteras internas en el espacio de la UE, que no llegaría a ser totalmente efectiva hasta 1993, con el Tratado de Maastricht. Como contrapartida debían fortalecerse los controles en las fronteras exteriores. Los trabajos en esta dirección se iniciaron con la reunión del Consejo Europeo en Fontainebleau en 1984. En 1985 la reunión del Consejo en Milán aprobó el Libro Blanco sobre el Mercado Interior, el cual establecía una serie de temas que debían analizarse antes de la entrada en vigor de la supresión de fronteras interiores para las personas: política de visados, derecho de asilo y estatuto de las nacionales de terceros países. Desde entonces y hasta la entrada en vigor del último Tratado (Amsterdam, 1999), los Estados miembros han trabajado conjuntamente en materias de inmigración, asilo, control de fronteras internas y externas, inmigración clandestina, tráfico de drogas y lucha contra la delincuencia y el terrorismo. En 1986 los ministros responsables de las políticas de inmigración decidieron reunirse al menos dos veces al año antes de poner en marcha el nuevo Tratado de la Unión Europea de 1993. La última reunión tuvo lugar en junio de 1993. Consecuencia de estas reuniones y trabajos fue el desarrollo de dos vías paralelas: una compuesta por nueve países de los doce miembros (Grupo de Schengen) y otra que incluía a los doce Estados miembros.

El *Acuerdo de Schengen* (junio de 1985) fue firmado por Bélgica, Holanda, Luxemburgo, Francia y Alemania. En 1990 se unió Italia y en 1991 España y Portugal. El Reino Unido, Irlanda y Dinamarca fueron los únicos que no llegaron a firmar el acuerdo, ante la posibilidad de entrar en conflicto con acuerdos fronterizos suscritos con terceros países. Los países de Schengen han llegado a varios acuerdos internacionales y han establecido un sistema operativo para implementar las medidas adoptadas, todo ello tendente a armonizar las políticas de inmigración y asilo de los países firmantes. Entre los logros obtenidos se encuentra el Sistema de Información Schengen (SIS) (1994). Sin embargo son muchas las críticas que ha recibido el trabajo del grupo Schengen, además de existir recelos entre los países firmantes con respecto a la capacidad para establecer los controles fronterizos fiables. Entre las críticas más importantes se encuentran la imperfección del funcionamiento del SIS, la falta de garantías para la protección de datos, la falta de control democrático en la aplicación de las decisiones (adoptadas al margen de los parlamentos de los países miembros) y las competencias otorgadas a la policía sin ajustarse a ningún control.

Paralelamente al trabajo del grupo de Schengen, los doce países miembros del momento establecieron una segunda vía de trabajo. La primera reunión de los ministros encargados de las políticas migratorias tuvo lugar en Londres en 1986, bajo presidencia británica. Estos ministros entendían que la libertad de movimientos a consagrar en el Acta Única Europea no debía ser incompatible con los esfuerzos para combatir el terrorismo, la delincuencia, el tráfico de drogas y la inmigración clandestina. De este encuentro resultó la creación del Grupo Ad-hoc sobre la Inmigración, con seis áreas de trabajo: admisión/expulsión, visados, documentación falsa, asilo, fronteras exteriores y refugiados de la antigua Yugoslavia. Dos años más tarde se creó otro grupo con competencias más amplias, el Grupo de Coordinadores para el Libre Movimiento de Personas, o Grupo de Rodas (Rodas, 1998), para el que trabajaba el anterior en materias de inmigración. El Grupo de Rodas tenía como misión facilitar la cooperación intergubernamental para combatir el terrorismo, el tráfico de drogas y la delincuencia internacional. Así, desde 1985 hasta 1993 los doce países de la Unión trabajaron conjuntamente adoptando resoluciones, estableciendo encuentros y adoptando medidas concretas en el ámbito de la delincuencia internacional y la inmigración conjuntamente. Entre las resoluciones más importantes se encuentra la Convención de Dublín (1990), relativa fundamentalmente a los refugiados. Se acuerda que la responsabilidad sobre cada refugiado la mantiene exclusivamente el país en el que primero se ha introducido, de forma que si este país le ha negado esta situación no podrá solicitarla en ningún otro Estado miembro. Otro aspecto desarrollado desde la perspectiva intergubernamental fue el intento de elaborar una lista común de países terceros a cuyos ciudadanos se requeriría un visado para residir en la UE (países con gran emigración, o aquellos desde los que se solicitaban numerosas peticiones de asilo, o los que emitían gran emigración clandestina a los países europeos) [12].

Con el nuevo Tratado (Maastricht 1992) la UE ha querido asegurarse un espacio propio en la economía globalizada. Para conseguirlo se han realizado numerosos esfuerzos tendentes a la creación de un espacio de prosperidad económica y social, sin fronteras interiores y con voluntad de cohesión a través del concepto de ciudadanía europea. Este concepto de ciudadanía europea, aplicable a toda persona nacional de cualquier país miembro, conlleva unos derechos específicos, tal y como ha quedado comentado más arriba. La asignatura pendiente, sin embargo, sigue siendo la inmigración procedente de terceros países. A pesar de los intentos de una mayor implicación de las instituciones europeas en la tarea de diseñar políticas exteriores comunes, los Estados miembros aún se reservan el derecho a legislar en esta materia. No obstante, el nuevo Tratado asume para las instituciones comunitarias, en cooperación con las de los Estados miembros, algunos aspectos comunes de política exterior, estableciendo en seis las áreas de interés común: política de asilo, control de flujos en las fronteras exteriores, política de inmigración procedente de terceros países (condiciones de entrada y movimiento, condiciones de residencia y lucha contra la inmigración clandestina), lucha contra la drogadicción, lucha contra el fraude y cooperación judicial frente a asuntos civiles [13].

Entre el conjunto de materias de interés asumidas en los últimos años, cabe destacar la lucha contra el racismo y la xenofobia a tenor de los brotes de violencia racial aparecidos en los noventa. Inmersos en un contexto de creciente movilidad geográfica y conscientes de sus importantes y complejas repercusiones sociales, muchos investigadores, organizaciones e incluso gobiernos, han comprendido la necesidad de recoger y/u organizar de forma sistemática información sobre flujos de migrantes, sus características, sus motivaciones y necesidades, así como sobre las consecuencias que origina una creciente diversidad etnocultural sobre la convivencia social (relaciones interétnicas, racismo y xenofobia, estratificación etnosocial...). Las actitudes hostiles hacia el inmigrante, su discriminación social, la intolerancia hacia la diferencia, la percepción de pérdida de identidad colectiva (tanto entre comunidades receptoras como entre los propios inmigrantes), etc., son hechos cada vez más patentes en nuestras sociedades; hechos que generan conflictos importantes y ante los cuales se percibe, cada vez de forma más apremiante, la necesidad de una intervención social directa sobre diversos frentes y dimensiones.

La UE no ha sido insensible a esta necesidad creciente, y en 1997 crea el Observatorio Europeo del Racismo y la Xenofobia, con sede en Viena. Tal Observatorio fue establecido con un claro propósito: el de transmitir a la Unión y a sus Estados miembros datos objetivos, fiables y comparables a nivel europeo sobre el fenómeno del racismo, la xenofobia y el antisemitismo a nivel europeo, de forma que puedan ser útiles a los respectivos gobiernos para la toma de decisiones, adopción de medidas o diseño de acciones relacionadas con esta materia.

La creación de este Observatorio se integra en el conjunto de planes y actuaciones de la Unión Europea para luchar contra los fenómenos racistas y xenófobos iniciados, de forma precisa, en 1986 con la declaración conjunta del Parlamento, el Consejo y la Comisión europeos contra el racismo y la xenofobia. Conscientes de la proliferación de estos fenómenos en el seno de la Unión, los responsables políticos asumieron el desafío de poner en marcha todos los mecanismos posibles para reducir los niveles de racismo, xenofobia y antisemitismo entre los ciudadanos europeos. Así, en 1995 se presentó una Comunicación sobre estos temas en la que se diseñaban estrategias para tal fin. La Comunicación perseguía dos objetivos: ofrecer una plataforma general para debatir la acción comunitaria contra el racismo y poner en marcha un proceso de concienciación que culminaría con la designación de 1997 como Año Europeo contra el Racismo.

Dos iniciativas importantes fueron resultado del creciente esfuerzo por combatir los fenómenos racistas: la incorporación de una cláusula de no discriminación en el Tratado de Amsterdam de 1997 [14] y la creación del Observatorio Europeo sobre el Racismo y la Xenofobia.

En marzo de 1998 la Comisión Europea vuelve a acometer el problema mediante la elaboración de un Plan de Acción contra el Racismo [15], impulsada por los resultados de la encuesta de opinión Eurobarómetro 1997, y con el que pretende proseguir la labor iniciada por la Comunicación de 1995 y ahondar en los logros obtenidos en 1997.

Así pues, el Observatorio forma parte de un amplio conjunto de medidas europeas encaminadas a luchar contra el racismo. La información que trata de poner en circulación gira en torno a los fenómenos de racismo, xenofobia y antisemitismo producidos en el contexto de la Unión. Para obtener esta información, el Observatorio será responsable de crear y coordinar una *Red europea de información sobre el racismo y la xenofobia (RAXEN),* en la que se integren centros de investigación de los Estados miembros, de las instituciones comunitarias, de las ONG's o de organismos internacionales.

En mayo de 1998 se acuerda establecer una colaboración estrecha entre el Observatorio y el Consejo de Europa. Tal colaboración se materializa en el establecimiento de contactos regulares entre el director del Observatorio y la secretaría general del Consejo de Europa, en especial, la secretaría de la Comisión Europea contra el Racismo y la Intolerancia (ECRI).

Con respecto a la última revisión de los tratados de la Unión Europea, (Tratado de Amsterdam de 1997) cabe decir que si los anteriores incidían en la construcción de un mercado con supresión de fronteras interiores (Acta Única Europea) y en la creación de un espacio económico de prosperidad y seguridad, así como de líneas maestras para una política exterior común (Maastricht), el Tratado de Amsterdam puede ser considerado como el tratado de la ciudadanía europea, intentando llegar más allá de la mera construcción de un espacio económico común para acercarse al ciudadano europeo. Con Amsterdam se pretende crear una verdadera Europa de los ciudadanos. De hecho, entre sus cuatro grandes objetivos se encuentran «hacer del empleo y de los derechos de los ciudadanos el eje de la Unión» y «suprimir los últimos obstáculos a la libre circulación y reforzar la seguridad». De nuevo una doble vía: el estrechamiento de lazos entre los nacionales de los países miembros, por un lado (ciudadanía europea) y reforzamiento del control de las fronteras externas y articulación de una política común frente al exterior en aras de garantizar al máximo la seguridad en el interior. En esta última materia cabe destacar el sometimiento a reglas comunitarias de los asuntos hasta entonces limitados al ámbito de la cooperación intergubernamental (política de visados, expedición de permisos de residencia a inmigrantes, procedimientos de asilo…) al mismo tiempo que el llamado *espacio Schengen* queda integrado en la Unión (el Tratado de Amsterdam integra el Convenio Schengen en el marco institucional de la Unión, dando por finalizado el período de contradicciones resultantes de la existencia de dos sistemas separados).

De todas las acciones emprendidas por la UE en materia de extranjería se desprenden las líneas maestras de su filosofía, a la que muchos identifican con la construcción de lo que se ha llamado *fortaleza europea*: la creación de un espacio próspero de ciudadanos europeos frente al resto del mundo y la defensa de tal espacio frente al exterior mediante la construcción de muros de contención con escasas áreas de permeabilidad fuertemente controladas. A pesar de las diferencias en las políticas exteriores de los Estados miembros, la tendencia común en el tratamiento de la extranjería no comunitaria en la UE ha respondido a la máxima de controlar y restringir las entradas e integrar a los inmigrantes ya residentes. Con respecto a lo primero, han sido muchos los esfuerzos por reforzar las fronteras exteriores de la Unión, integrando en las mismas áreas de interés asuntos como la inmigración, la lucha contra el tráfico de estupefacientes, el terrorismo y la delincuencia internacional. Difícilmente la imagen de la inmigración procedente de terceros países puede salir bien parada en esta equiparación.

Con respecto a la integración de los ya residentes, lo más destacable desde un punto de vista comunitario son las acciones emprendidas para la lucha contra el racismo y la xenofobia, previamente citadas. Las políticas concretas de integración pertenecen al ámbito de la soberanía nacional y responden a modelos bien diferentes en lo que se refiere al concepto de «integración», así como a estrategias diferenciadas en función de los compromisos internos y externos de cada uno de los Estados miembros.

5. Inmigración en España

1. Las nuevas tendencias migratorias

En los últimos años, España ha pasado de ser un país exportador de mano de obra a ser un país de creciente inmigración. Si bien aún la inmigración extranjera no es realmente notable, sí se ha producido un cambio sustancial de dirección en el movimiento de población a través de sus fronteras.

En la figura 5.1 presentamos dos tipos de series temporales. La primera hace referencia a flujos de emigrantes españoles desde 1961 hasta 1997. Estas cifras incluyen aquella emigración de españoles hacia el extranjero cuya duración es de tres o más meses, excluyendo aquellos movimientos de duración inferior a tres meses (emigración de temporada). Hay que tener en cuenta que se trata de flujos, movimientos o traslados producidos a lo largo de cada año, y no de personas emigrantes, ya que una misma persona puede realizar más de un desplazamiento en un mismo año (datos ofrecidos por la antigua Dirección General de Migraciones). La segunda serie hace referencia al número de personas extranjeras que residen en España y cuyo registro se hace el 31 de diciembre de cada año (datos registrados por el INE).

Figura 5.1 Evolución de emigrantes españoles (*) y residentes extranjeros en España, 1961-1997

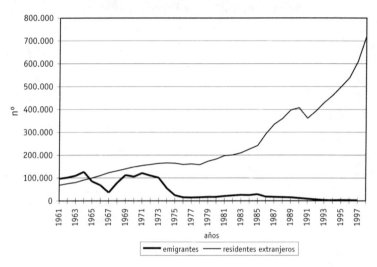

(*) No se incluye emigrantes de temporada.

FUENTES: INE (Anuarios, varios años) y Dir. Gral. de Migraciones (Anuarios, varios años). Elaboración propia.

La evolución de las emigraciones de españoles hacia el extranjero nos muestra el descenso de este tipo de desplazamientos, fundamentalmente a partir de 1974. Desde 1961 hasta 1974, con excepción de los años 1966, 1967 y 1968, el número de emigraciones se sitúa en torno a las 100.000 al año. A partir de este momento, las cifras reflejan que España deja de ser un país de gran emigración, situándose las salidas del país en torno a las 20.000 anuales y descendiendo progresivamente desde 1986 hasta llegar a poco más de las 2.000 emigraciones producidas en 1997. Por su parte, la evolución de la extranjería en España sigue una tendencia contraria a la anterior. Partiendo de un número de residentes extranjeros inferior al de emigraciones de españoles en 1961, este tipo de población no ha dejado de crecer a lo largo de todos estos años sin apenas fluctuaciones. Este crecimiento se ha hecho más notable a partir de 1985. Si en épocas anteriores se necesitaron

Figura 5.2 Evolución de flujos migratorios (emigraciones de españoles hacia el extranjero e inmigraciones de extranjeros hacia España), 1985-1997

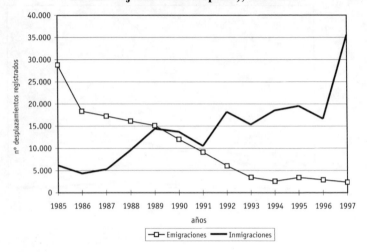

FUENTES: INE (*Estadística de Variaciones Residenciales*, varios años) y DGM (Anuarios, varios años). Elaboración propia.

casi 20 años para duplicar el número de residentes extranjeros (de los 100.000 en 1965 a los 200.000 en 1982), sólo se necesitaron 7 para pasar de 200.000 a 400.000 (de 1983 a 1989) y otros 7 para casi volver a duplicar la cifra (de los 400.000 residentes en 1992 a los más de 700.000 en 1998). El crecimiento de la extranjería en España sigue, por lo tanto, un ritmo exponencial desde 1985, lo contrario de lo que ocurre con la emigración española hacia el extranjero.

Con el incremento del número de extranjeros residiendo en España se confirma la tendencia del país a consolidarse como un país de inmigración, frente a épocas pasadas en las que España se caracterizaba por ser un país de fuerte emigración. Tendencia que se manifiesta en la comparación entre los flujos de emigraciones de españoles hacia el extranjero y los de inmigraciones de extranjeros hacia España de los últimos años (fig. 5.2). Mientras los flujos de emigración descienden drásticamente desde 1985, los de inmigración de extranjeros, a pesar de presentar importantes fluctuaciones, mantienen una tendencia global hacia el crecimiento.

El incremento de las afluencias de extranjeros hacia España, y el carácter definitivo (o cuando menos de larga permanencia) de muchos de estos desplazamientos es lo que posibilita el crecimiento tan notable de la población extranjera residiendo en nuestro país a lo largo de los últimos años.

1.1 Afluencias de inmigrantes

La procedencia de las afluencias de extranjeros hacia nuestro país también ha sufrido algunos cambios importantes. La figura 5.3 indica la evolución de las inmigraciones de extranjeros hacia España en los últimos años según el país de nacionalidad, agrupados por continentes. Las afluencias de todas las nacionalidades han sufrido ciertas fluctuaciones a lo largo de estos años, de la misma manera que en 1996 todas experimentan un crecimiento

Figura 5.3 Evolución de los flujos de inmigración de extranjeros hacia España por continentes de nacionalidad, 1987-1996

Años	Europa (*)	África	Asia	América	Oceanía
1987	5.443	1.029	635	2.516	27
1988	7.494	1.979	937	3.967	40
1989	6.210	1.744	1.031	4.715	30
1990	3.970	2.665	670	3.227	21
1991	5.451	5.786	1.479	5.475	28
1992	5.031	4.253	1.368	4.693	16
1993	6.696	4.704	1.737	5.394	20
1994	6.456	5.027	1.722	6.304	30
1995	6.004	4.672	1.280	4.706	24
1996	15.921	8.389	1.945	9.323	38

(*) Incluye ciudadanos comunitarios.

FUENTE: INE, *Estadística de variaciones residenciales.*

Figura 5.4 Composición de los flujos inmigratorios hacia España por países de nacionalidad agrupados en continentes

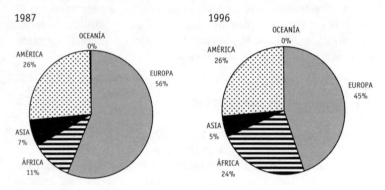

FUENTE: Elaboración propia a partir de INE: *Estadística de Variaciones Residenciales.*

notable con respecto al año anterior, a excepción de los inmigrantes de Oceanía, cuyo número, además de marginal, se mantiene estable. Cabe añadir que la mayoría de afluencias migratorias proceden del continente europeo (con excepción del año 1991).

A pesar de que todas las afluencias se han incrementado en 1996, la composición de la inmigración hacia España ha variado en estos últimos años. La figura 5.4 muestra la composición de la inmigración por continentes de nacionalidad para 1987 y para 1996.

Mientras las proporciones de afluencias de americanos, asiáticos y oceánicos con respecto al total de inmigración son las mismas en ambos años, las procedentes de África han ganado terreno en detrimento de las europeas. Este cambio se percibe más claramente cuando tenemos en cuenta los principales países de procedencia de nuestros inmigrantes. Así, en 1987, las afluencias mayoritarias fueron las de ciudadanos británicos (1.604), alemanes (1.062), argentinos (747) y franceses (716), mientras que en 1996, las corrientes de inmigración procedían fundamentalmente de Marruecos (6.899), Alemania (4.141), Gran Bretaña (2.653), Francia (1.903), Cuba (1.396), República Dominicana (1.349), Perú (1.207) e Italia (1.169).

En el curso de estos últimos años, los cambios producidos en las corrientes migratorias de extranjeros hacia España se pueden resumir como sigue:

— Incremento generalizado de las afluencias de extranjeros.
— A diferencia de la mayoría de los países de la Unión Europea, en donde la inmigración no comunitaria es mayoritaria, en España se produce un predominio de la inmigración europea comunitaria, si bien se están produciendo cambios importantes que pueden cambiar esta tendencia en un futuro próximo.
— Las afluencias de extranjeros hacia España tienden a diversificarse en cuanto a la nacionalidad de los mismos. Si hace diez años se producía un claro predominio de ciudadanos de tres o cuatro países europeos a los que añadir los argentinos, actualmente son mucho más variados los países de procedencia de nuestra inmigración. Concretamente el colectivo de marroquíes se ha puesto a la cabeza en tan sólo unos pocos años, por encima de la inmigración de los países europeos comunitarios (dominante desde los años ochenta). Además de ello, otras corrientes inmigratorias están adquiriendo recientemente una creciente importancia, tanto en volumen como en peso relativo. Es el caso de las afluencias procedentes de América Latina; concretamente de cubanos, dominicanos y peruanos. Con ello las afluencias latinoamericanas también experimentan un cambio reseñable: a la inmigración tradicional de argentinos, uruguayos, chilenos y venezolanos, a la que estábamos acostumbrados desde los años setenta, le ha sucedido esta nueva inmigración con un crecimiento verdaderamente espectacular en tan sólo unos pocos años.

El destino elegido por los inmigrantes extranjeros también ha sufrido, en los últimos años, algunas modificaciones reseñables. Los destinos preferentes hace diez años no son los mismos que en la actualidad. La figura 5.5 muestra las principales comunidades autónomas elegidas como destino por las afluencias inmigratorias en 1988 y en 1997.

Figura 5.5 Principales destinos de los inmigrantes extranjeros en España por CC.AA., 1988 y 1997

	1988		1997	
	n°	%	n°	%
Andalucía	1.355	14,04	4.014	11,27
Baleares	1.388	14,38	984	2,76
Canarias	625	6,48	5.404	15,17
Cataluña	1.518	15,73	8.288	**23,27**
C. Valenciana	1.487	15,41	4.331	12,16
Madrid	2.050	**21,24**	6.863	19,27
Murcia	80	0,83	1.182	3,32
País Vasco	180	1,87	1.089	3,06
Total 8 CC.AA.	8.683	89,98	32.155	90,28
Resto	967	10,02	3.461	9,72
TOTAL 17 CC.AA.	9.650	100,00	35.616	100,00

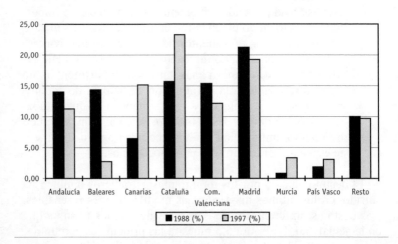

FUENTE: INE, *Estadística de Variaciones Residenciales.*

El número de afluencias en 1997 es 3,5 veces superior a las producidas diez años antes, lo que confirma la tendencia a una creciente inmigración hacia España. Ahora bien, no en todas las comunidades autónomas el crecimiento de su inmigración ha sido el mismo.

Lo primero que llama la atención es que la inmigración no se reparte por igual en el espacio geográfico español. Existen unas comunidades autónomas que son receptoras por excelencia, frente a otras con escasa incidencia inmigratoria. Tengamos en cuenta que 8 de las 17 CC.AA. reúnen el 90% de la inmigración en ambos años, lo que indica una elevada concentración geográfica de las afluencias de inmigrantes. Esta concentración, sin embargo, ha experimentado algunos cambios interesantes en estos diez últimos años.

En 1988 la comunidad autónoma receptora de inmigración por excelencia fue Madrid, seguida de lejos por Cataluña, Comunidad Valenciana, Andalucía y Baleares. Estos 5 destinos recogieron el 80% de la corriente inmigratoria producida aquel año. Diez años más tarde, es Cataluña el principal destino de las afluencias, recogiendo el 23% de las mismas. Madrid desciende en importancia, aún cuando se coloca en segundo lugar como centro receptor. En este momento Canarias emerge como nuevo foco importante de recepción de inmigrantes extranjeros. El número y proporción de extranjeros arribados a Canarias hace diez años era muy inferior al actual. Por contra, Andalucía y la Comunidad Valenciana, aún recogiendo un importante volumen inmigratorio, han disminuido en cuanto a la proporción de inmigración que reciben con respecto a diez años antes.

Cataluña, por tanto, lidera actualmente la recepción de extranjeros; y Canarias emerge con fuerza como nuevo centro receptor en detrimento de los principales destinos anteriores.

Existen también otras comunidades autónomas que, aún siendo centros marginales en cuanto a recepción de inmigrantes, han visto incrementar notablemente su volumen de afluencias; tendencia que puede estar indicando nuevas preferencias en los destinos de los inmigrantes en un futuro próximo. Nos referimos a Murcia y al País Vasco. Murcia contaba, hace diez años, con menos de 100 afluencias; en 1997 más de 1.000 extranjeros llegaron a municipios murcianos, lo que supone haber multiplicado sus afluencias en 14,8 veces. Recordemos que la diferencia de inmigración hacia España entre estos dos años ha sido de 3,5. En el caso del País Vasco la multiplicación de las afluencias de inmigrantes no ha sido tan espectacular como en el caso de Murcia, pero multiplicarla por 6 sigue estando por encima del incremento total.

Con todo ello, podemos considerar que los inmigrantes extranjeros se concentran en unas pocas comunidades autónomas, y que las preferencias de los inmigrantes han cambiado, y pueden seguir cambiando, en los últimos años: consolidándose Cataluña como centro receptor de inmigrantes, emergiendo Canarias como nuevo centro importante, y destacando Murcia y País Vasco por su crecimiento, el cual puede estar apuntando a una nueva distribución geográfica de la recepción de inmigrantes en España para un futuro próximo.

1.2 Extranjeros residentes

Las nuevas tendencias en las afluencias y corrientes inmigratorias cristalizan en el volumen y composición de los efectivos de residentes extranjeros en España. Cuestiones previamente comentadas, como el crecimiento en el volumen de afluencias, el incremento de la inmigración no comunitaria, como el caso de los africanos (en su inmensa mayoría marroquíes) o ciudadanos procedentes de países iberoamericanos (colombianos, peruanos o dominicanos), o el cambio en las preferencias de destino de las nuevas corrientes inmigratorias, necesariamente se han de reflejar en las características de los extranjeros que residen en nuestro país. La *Estadística de Variaciones Residenciales,* elaborada por el INE, nos ofrece también los datos relativos a la extranjería registrada a finales de cada año, si bien, como en el caso de los flujos, las características que contempla esta publicación no van más allá del país de ciudadanía y la comunidad autónoma de residencia.

Los datos sobre las características de todos los extranjeros que se encuentran residiendo legalmente en nuestro país son recogidos en los censos y padrones y publicados con la misma periodicidad, pero no existen actualizaciones anuales. Por ello, las características de esta población (edad, sexo, nivel educativo, actividad laboral, etc.) sólo pueden ser conocidas cada cinco años, mediante la publicación *Características de la población* que elabora el INE tras el procesamiento de cada censo o padrón. Cabe añadir que la última publicación de este tipo data de 1991, no habiendo salido aún la de 1996.

Ciertamente existen otras publicaciones referidas a la población extranjera, pero tienen sus limitaciones. Así, el INE publica anualmente, desde 1980, la *Encuesta de Migraciones,* en la que aparecen las características de los extranjeros, pero los datos están referidos a una muestra y no a la población en su totalidad. La *Estadística de Variaciones Residenciales*, también publicada por el INE, sí recoge anualmente (desde 1985) datos sobre población extranjera, pero, al igual que los flujos, tan sólo incluye información sobre nacionalidad y comunidad autónoma de residencia. En esta estadística nos basaremos para presentar estas características básicas.

Otros organismos e instituciones también elaboran estadísticas en las que se incluye información sobre población extranjera. El caso más importante es el de las *Estadísticas Laborales* (boletines o anuarios) elaboradas por el Ministerio de Trabajo y Asuntos Sociales. En estas estadísticas se ofrece información sobre los trabajadores extranjeros que poseen permisos de trabajo para desempeñar una actividad laboral en nuestro país. Pero antes de acudir a este tipo de estadísticas hay que tener en cuenta dos consideraciones importantes. La primera es que no todos los extranjeros residentes en España realizan actividad laboral, esto es: no son trabajadores. Así, la población inactiva no aparece en las estadísticas laborales. La segunda consideración a tener en cuenta es que se trata de estadísticas en base a permisos de trabajo concedidos a extranjeros. Hay, sin embargo, un colectivo importante que no precisa de estos permisos de trabajo para trabajar en España y que, por lo tanto, tampoco aparecen en estas estadísticas; son los extranjeros comunitarios.

Por lo tanto presentamos únicamente los datos sobre extranjeros residentes en España relativos a su nacionalidad y la comunidad autónoma de residencia, así como su evolución en los últimos años. La fig. 5.6 refleja la situación de extranjería en nuestro país, a lo largo de los últimos diez años, en lo que se refiere a la nacionalidad de los extranjeros residentes.

Figura 5.6 Extranjeros residentes en España por áreas geográficas de nacionalidad

	1989		1992		1995		1998	
	n	%	n	%	n	%	n	%
UE	245.772	61,73	181.799	46,25	235.602	47,14	295.259	41,03
Resto Europa	13.919	3,50	16.288	4,14	20.100	4,02	35.269	4,90
EE.UU. y Canadá	19.868	4,99	15.237	3,88	16.031	3,21	16.997	2,36
Resto América	63.529	15,96	74.067	18,84	92.900	18,59	130.203	18,09
África	23.712	5,96	71.298	18,14	95.725	19,15	179.487	24,94
Asia	28.721	7,21	33.299	8,47	38.221	7,65	60.714	8,44
Oceanía	1.236	0,31	736	0,19	859	0,17	1.023	0,14
Apátridas/descon.	1.390	0,35	376	0,10	335	0,07	695	0,10
TOTAL	398.147	100,00	393.100	100,00	499.773	100,00	719.647	100,00

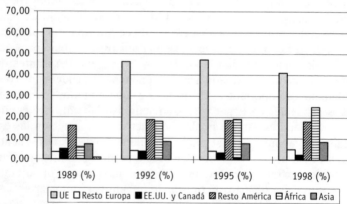

FUENTE: Elaboración propia a partir de INE, *Estadística de Variaciones Residenciales.*

Contrariamente a lo que se suele pensar, la extranjería en nuestro país es eminentemente comunitaria, alcanzando ésta más del 60% del total de extranjeros residentes en 1989. Esta tendencia ha variado ligeramente a favor de otras nacionalidades, de forma que en 1998 la extranjería es no comunitaria en su mayoría. Sin embargo, todavía la Unión Europea conforma el colectivo de extranjeros más numeroso residente en España, si bien se percibe un tendencia a la pérdida de peso de estos extranjeros con respecto al total de la extranjería. Esto sucede porque otros grupos han incrementado en mayor medida que los comunitarios su volumen de inmigrantes en estos diez últimos años. La composición porcentual de los residentes extranjeros según ciudadanía ha ido variando a lo largo del período, reflejándose en los cuatro años de referencia.

Al inicio del período, dominaba la inmigración comunitaria, seguida de la de ciudadanos latinoamericanos. El resto de nacionalidades contaban con un número muy inferior de ciudadanos. Al final del período, fruto de las nuevas afluencias de inmigrantes según su nacionalidad, el panorama ha sufrido cambios importantes. El principal es el incremento de ciudadanos africanos residiendo legalmente en España, tanto en número como en peso específico, hasta el punto de convertirse en el segundo grupo de inmigrantes en importancia numérica tras el colectivo de inmigrantes comunitarios.

El resto de ciudadanos europeos, así como los asiáticos, apenas han variado su proporción sobre el total de población extranjera. El número de ciudadanos oceánicos y norteamericanos no sólo han perdido peso específico en el conjunto de la extranjería, sino que han descendido en número con respecto al inicio del período. Por tanto, cabe decir que las recientes afluencias inmigratorias de africanos y latinoamericanos se están dejando sentir en la distribución de los extranjeros según su ciudadanía. Analizando las nacionalidades concretas de los residentes extranjeros se pueden percibir mejor estos cambios que ya se adivinaban con las nuevas tendencias inmigratorias.

Desciende la proporción de ciudadanos comunitarios, si bien la composición por nacionalidades dentro de este grupo se mantiene con el predominio de británicos, alemanes y portugueses. En cuanto a los ciudadanos del resto de Europa, aún siendo un colectivo minoritario, han incrementado ligeramente su proporción en este período. Si bien los ciudadanos suizos se mantienen a la cabeza del grupo, cabe decir que se han diversificado los orígenes del colectivo de ciudadanos europeos no comunitarios, in-

Figura 5.7 Extranjeros residentes en España según principales nacionalidades

	1989		1998	
	n°	%	n°	%
UE	**245.772**	**61,73**	**295.259**	**41,03**
Gran Bretaña	73.535	18,47	74.419	10,34
Alemania	44.228	11,11	58.089	8,07
Portugal	32.936	8,27	42.310	5,88
Francia	27.737	6,97	39.504	5,49
Resto	67.336	16,91	80.937	11,25
Resto Europa	**13.919**	**3,50**	**35.269**	**4,90**
Suiza	8.221	2,06	8.468	1,18
Noruega	3.222	0,81	4.241	0,59
Polonia	675	0,17	6.651	0,92
Resto	1.801	0,45	15.909	2,21
América	**83.397**	**20,95**	**147.200**	**20,45**
EE.UU.	18.192	4,57	15.563	2,16
Argentina	16.165	4,06	17.007	2,36
Venezuela	9.029	2,27	6.911	0,96
Chile	6.610	1,66	5.827	0,81
Perú	3.916	0,98	24.879	3,46
Rep. Dominicana	2.381	0,60	24.256	3,37
Cuba	5.961	1,50	13.214	1,84
Resto América	21.143	5,31	39.543	5,49
Asia	**28.721**	**7,21**	**60.714**	**8,44**
Filipinas	6.379	1,60	13.553	1,88
India	5.718	1,44	8.144	1,13
China	4.173	1,05	20.690	2,88
Resto Asia	12.451	3,13	18.327	2,55
África	**23.172**	**5,82**	**179.487**	**24,94**
Marruecos	14.471	3,63	140.896	19,58
Senegal	1.754	0,44	6.657	0,93
Gambia	1.726	0,43	6.969	0,97
Argelia	675	0,17	7.043	0,98
Resto África	4.546	1,14	17.922	2,49
RESTO EXTRANJ.	**3.166**	**0,80**	**1.718**	**0,24**
TOTAL	398.147	100,00	719.647	100,00

FUENTE: INE, *Estadística de Variaciones Residenciales.*

corporándose mayor número de polacos y de ciudadanos del Este.

Los ciudadanos americanos mantienen la misma proporción a lo largo del período, pero sus nacionalidades han variado conforme a las nuevas corrientes migratorias procedentes de este área del mundo. Estadounidenses, argentinos, venezolanos y chilenos (colectivos de extranjeros tradicionales en España) no sólo han perdido peso específico en el conjunto de la extranjería, sino que incluso en algunos casos el número de residentes ha descendido. Otras nacionalidades han tomado el relevo a esta inmigración. Es el caso de peruanos, dominicanos y cubanos.

Los extranjeros asiáticos han visto incrementar ligeramente su proporción en el período, pero también en este caso la composición por nacionalidades ha sufrido algún cambio importante. Si en 1989 los ciudadanos filipinos eran mayoritarios en este colectivo, en 1998 toman el relevo los ciudadanos chinos, multiplicándose por cinco los residentes de esta nacionalidad.

El caso de los africanos es el más espectacular, pues esta comunidad se ha multiplicado por ocho en este período. La inmensa mayoría son marroquíes, pero también otras nacionalidades africanas han experimentado un incremento reseñable, aún cuando su número y su peso en relación al conjunto de extranjeros residentes es muy marginal. Es el caso de argelinos, senegaleses y gambianos.

Teniendo en cuenta el lugar de residencia elegido por los inmigrantes extranjeros, también se pueden apreciar tendencias de cambio, fruto de las recientes afluencias migratorias. La figura 5.8 muestra el volumen y proporción de extranjeros residentes en las diferentes comunidades autónomas españolas en 1989 y en 1998, así como el incremento experimentado por cada una de ellas en el período de referencia. Tal y como sucedía con los destinos de las afluencias de inmigrantes, también los lugares de residencia escogidos por éstos se concentran en comunidades autónomas específicas. Los inmigrantes no se reparten por igual a lo largo del territorio español, ni en lo que se refiere a los lugares de llegada, ni en la selección de su lugar de residencia. La coincidencia en el dominio de ciertas comunidades autónomas, tanto en lo que se refiere a lugar de destino inicial como a lugar de residencia, indica la escasa movilidad de los inmigrantes a lo largo del

**Figura 5.8 Extranjeros residentes en España por CC.AA.,
1989 y 1998**

CC.AA.	1989 n°	1989 %	1998 n°	1998 %	Increm. en el período (%)
Andalucía	67.410	16,93	95.970	13,34	42,4
Aragón	3.761	0,94	11.877	1,65	215,8
Asturias	4.089	1,03	8.682	1,21	112,3
Baleares	31.225	7,84	40.339	5,61	29,2
Canarias	48.046	12,07	68.848	9,57	43,3
Cantabria	1.479	0,37	3.910	0,54	164,4
Cast.-La Mancha	1.660	0,42	11.374	1,58	585,2
Cast. y León	8.965	2,25	20.113	2,79	124,4
Cataluña	63.533	15,96	148.803	20,68	134,2
Com. Valenciana	59.382	14,91	69.972	9,72	17,8
Extremadura	2.009	0,50	9.063	1,26	351,1
Galicia	13.936	3,50	21.140	2,94	51,7
Madrid	75.056	18,85	148.070	20,58	97,3
Murcia	3.131	0,79	15.731	2,19	402,4
Navarra	1.638	0,41	6.385	0,89	289,8
País Vasco	11.721	2,94	16.995	2,36	45,0
La Rioja	530	0,13	3.253	0,45	513,8
Ceuta	430	0,11	1.196	0,17	178,1
Melilla	146	0,04	1.054	0,15	621,9
Errores	-	0,00	16.872	2,34	
TOTAL	398.147	100,00	719.647	100,00	80,7

FUENTE: INE, *Estadística de Variaciones Residenciales.*

territorio español o, en el caso de que ésta se produzca, la fuerza
que ejercen éstas comunidades autónomas no sólo como lugares
de destino, sino también de reubicación de los inmigrantes.

Los cambios que se percibían en los destinos de las nuevas
afluencias se dejan sentir también en la distribución residencial
de los extranjeros.

En 1989 cinco comunidades autónomas concentraban el 80% de la extranjería registrada en España: Madrid, Andalucía, Cataluña, Comunidad Valenciana y Canarias. El resto apenas tiene influencia como lugar de residencia de los extranjeros. Diez años más tarde se percibe una mayor concentración en dos grandes centros de inmigración: Cataluña y Madrid. La preferencia por Cataluña en las nuevas afluencias ha surtido su efecto, llegando esta comunidad autónoma a situarse a la cabeza como lugar de residencia de los extranjeros. A la vez se produce un fenómeno paralelo: la mayor dispersión a lo largo de otras zonas geográficas españolas, bajando el peso de comunidades de importante inmigración (como Andalucía, Baleares, Canarias y Valencia) mientras que se incrementa el de otras (como Murcia, Aragón, Extremadura, Castilla-La Mancha y Castilla y León).

A modo de conclusión podemos reseñar que España se ha convertido en los últimos años en un importante centro de recepción de inmigración. Esta inmigración está, a su vez, experimentando cambios importantes desde que en los años ochenta se apreciase un incremento notable de las afluencias. La inmigración comunitaria, dominante en los inicios de este proceso, está dando lugar a otra bien distinta, en la que los marroquíes y ciertos colectivos nuevos de latinoamericanos están adquiriendo un volumen creciente. Por su parte, los grandes centros de recepción, como Madrid y Barcelona, se consolidan cada vez con mayor fuerza, mientras se produce paralelamente un proceso de dispersión por territorio español, incidiendo la inmigración de forma importante sobre cada vez más comunidades autónomas españolas. Cabe preguntarse ahora por la respuesta institucional y social ante este fenómeno novedoso y de creciente importancia para España.

2. Tratamiento institucional de la extranjería

2.1 Legislación

La legislación en torno a la extranjería en España da un giro importante a partir de 1985 con la promulgación de la Ley Orgánica 7/85 de 1 de julio sobre *Derechos y Libertades de los Extranjeros en España* (conocida como «Ley de Extranjería»). Los motivos para la promulgación de esta ley quedan recogidos en su preámbulo: los mandatos de la propia Constitución de 1978 (cuyo art. 13 establece que los extranjeros deberán gozar de las libertades públicas que garantiza su Título I) y la inexistencia hasta entonces de una normativa general. Concretamente se dice:

> nuestro ordenamiento jurídico ha carecido, desde el Real Decreto de 17 de noviembre de 1852, de una norma que, con pretensiones de generalidad, recoja, formule y sintetice los principios que deban informar la situación de extranjería, en sí misma y en sus aspectos más importantes, y que evite la proliferación de disposiciones de distinto rango que hasta ahora han venido regulando esta materia.

Los responsables de la Dirección General de Ordenación de las Migraciones (Ministerio de Trabajo y Asuntos Sociales) añaden, en el *Anuario de Migraciones 1996*, otros dos motivos por los que se promulgó esta ley: la necesidad de adecuar nuestra normativa sobre extranjería al acervo comunitario (por nuestro ingreso en la UE) y la urgencia de articular un procedimiento que permitiese afrontar una nueva situación: la presencia creciente de extranjeros en España.

En 1986 se promulgaron los Reglamentos necesarios para desarrollar los contenidos de la Ley y establecer la diferenciación legal entre ciudadanos comunitarios y no comunitarios. El primero es el Real Decreto 1.119/1986 de 26 de mayo (por el que se aprueba el Reglamento de ejecución de la Ley Orgánica 7/1985); el segundo, el Real Decreto 1.099/1986 de 26 de mayo, por el que se establece el llamado «Régimen Comunitario». Este último ha sido modificado dos veces: en 1992 (en donde se establece la libre circulación de ciudadanos comunitarios en España) y en 1995 (normativa actualmente vigente que consagra la citada libertad de circulación y residencia de los ciudadanos comunitarios, así como sus derechos políticos).

La normativa para el resto de ciudadanos extranjeros es reformulada en 1996, aprobándose un nuevo Reglamento para la Ley de Extranjería que sustituiría al anterior: el Real Decreto 155/1996 de 2 de febrero. Las razones de esta reforma quedan recogidas en la *introducción* del Decreto, y pueden resumirse como sigue:

— El incremento de la población extranjera producido desde 1986.

— Los compromisos internacionales suscritos por España, en especial el Tratado de la Unión Europea (Maastricht) y el Convenio del Acuerdo de Schengen.

— La adecuación a la Ley 30/1992, de 26 de noviembre, sobre Régimen Jurídico de las Administraciones Públicas y del Procedimiento Administrativo Común. Se trata de la necesidad de adecuar los procedimientos administrativos relativos a los extranjeros a los nuevos procedimientos generales contemplados en esta Ley, en orden a simplificar trámites y agilizar procesos.

— La necesidad de readaptar la organización administrativa de la extranjería, al incrementarse el volumen de extranjeros en el país.

— Adaptar la reglamentación sobre los trabajadores extranjeros de acuerdo con las orientaciones del Plan para la Integración Social de los Inmigrantes, establecido en 1994.

Las mejoras introducidas en este nuevo Reglamento con respecto al de 1986, son enumeradas en el propio texto legal:

...debiendo señalarse entre las más destacadas (las novedades) la referencia a los derechos y libertades de los extranjeros, el establecimiento de un nuevo sistema de visados, de control de entradas de extranjeros, de permisos de residencia, la creación del estatuto de residente permanente, una nueva regulación de los permisos de trabajo, el establecimiento de un contingente de mano de obra, la creación de un documento unificado para todos los extranjeros residentes y la regulación de un nuevo procedimiento sancionador.

Cabe decir que la reglamentación sobre la extranjería es realmente extensa. Además de los tratados internacionales ratificados por España (numerosos en diversas materias), existen otras normativas importantes, como es la Ley reguladora del Derecho de Asilo y la Condición de Refugiado (1984) o la Ley de Nacionalizaciones, entre otras. Sin embargo, la llamada Ley de Extranjería de 1985 y de su Reglamento vigente (1996), así como de la normativa reguladora de la extranjería comunitaria, constituyen el ordenamiento jurídico básico en materia de inmigración. Cabe añadir al respecto, que en la actualidad se ha redactado ya un proyecto de reforma de la ley de 1985, con el acuerdo de todos los grupos parlamentarios. Sólo queda un trámite formal para su tramitación, que se espera se produzca durante el año 2000. Así pues, para el próximo año probablemente se apruebe una nueva Ley de Extranjería, con el correspondiente Reglamento para su ejecución.

La adopción de este ordenamiento jurídico no es azarosa; responde a unas directrices políticas fruto de reflexiones previas. A estas directrices nos dedicamos a continuación.

2.2 Política de inmigración

Durante los últimos 15 años en España se han producido importantes cambios en sus relaciones con el exterior. Los más importantes son su adhesión a la UE y el crecimiento importante de la inmigración extranjera. Ante tales procesos se ha hecho necesario afrontar seriamente el diseño de un política de inmigración, en la que se establezcan los objetivos a alcanzar, y se articulen los medios para ello, en los distintos ámbitos sobre los que opera la extranjería. Hay que decir que se han producido intensos debates en torno a la forma de afrontar un fenómeno que, para nosotros, era enteramente novedoso. Los pasos dados han sido importantes; con independencia de la satisfacción que produzcan sus resultados, no se puede negar que el trabajo realizado en estos 15 últimos años ha sido verdaderamente intenso.

Si en 1985 se promulgó una ley que se consideraba urgente, la reflexión sobre la adopción de una política de extranjería cristalizaría cinco años más tarde. Así, en 1990 se presentó una comunicación del Gobierno al Congreso de los Diputados titulada *Situación de los extranjeros en España. Líneas básicas de la política de extranjería*. Dicha comunicación se aprobó en forma de proposición no de ley el 9 de abril de 1991, y con ella se inicia la andadura de la política de inmigración española contemporánea.

Por lo que se refiere a esta primera declaración institucional, en la introducción a las líneas básicas de una política de extranjería, el texto parece contundente:

España no puede recibir un flujo masivo y sin control de inmigrantes sin que se hipoteque gravemente su cohesión social y las posibilidades de integración de los extranjeros regularmente establecidos en nuestro país (p. 12 del documento).

Así pues, España se ubica en la línea seguida por los países de la UE y establece como objetivo esencial del Estado «dominar el volumen de los flujos y canalizar por tanto la presión demográfica creciente» (p. 13). La política de inmigración española trata de ser un programa coordinado que combine tres facetas fundamentales:

— Política de inmigración e integración
— Reforzamiento de las fronteras
— Ayuda al Tercer Mundo.

Las medidas concretas se recogen bajo seis epígrafes genéricos:

Control de entradas, visados y control de fronteras. La admisión de extranjeros en el país se realiza en función del cumplimiento por parte del inmigrante de las condiciones legales existentes. La verificación de esas condiciones se realiza en dos momentos sucesivos: expedición del visado (en el país emisor) y traspaso de la frontera. El visado ha sido impuesto recientemente para los ciudadanos magrebíes, mientras que se pretende mantener su exención para el caso de los hispanoamericanos. Además de la política de visados, el Gobierno cree necesario fortalecer la vigilancia de nuestras fronteras para evitar su franqueamiento por inmigrantes que no poseen las condiciones de aceptación en España. Este reforzamiento se ve urgido por la incorporación de España a la UE y por la anulación de sus fronteras interiores en 1993 (p. 16 del documento).

Lucha contra el trabajo clandestino. La lucha contra el trabajo clandestino debe articularse en torno a dos actuaciones concretas: la penalización de la utilización ilegal de mano de obra extranjera y la imposición de condiciones laborales abusivas, por un lado, y la selección rigurosa de la mano de obra extranjera, por otro. En relación a esta selección reproducimos dos párrafos interesantes:

Una política activa de inmigración debe concretarse en la actuación de los poderes públicos para dirigir, orientar y contingentar los flujos migratorios, programando anticipadamente su volumen y sus variables esenciales, tales como la procedencia, temporalidad, perfil profesional, posibilidad de integración, etc., todo ello en colaboración con los países de origen (p. 17).

El Ministerio de Trabajo y Seguridad Social está diseñando una política activa que permitirá que, en los sectores productivos en los que la mano de obra extranjera sea necesaria, pueda ser contratada con las garantías que la legislación española confiere a todo trabajador, facilitando en particular la llegada de aquellos colectivos que, por razones lingüísticas, culturales, sociales y profesionales, pueden alcanzar un mayor grado de integración en un período de tiempo más reducido (p. 17).

Política de promoción e integración social. Sobre el tema de la integración el texto se refiere, exclusivamente, a la no discriminación en asuntos económicos y sociales (p. 18 del documento).

Los extranjeros adquieren los mismos derechos y obligaciones que los ciudadanos españoles, a excepción de la participación en los asuntos públicos (con algunas excepciones); incluso se prevé articular medidas específicas encaminadas a contrarrestar su situación especial de asentamiento en un país extranjero. Sin embargo nada encontramos en el texto que haga referencia al mantenimiento de la cultura e identidad originarias de los inmigrantes.

Reforzamiento de la actuación policial. Referida a la delincuencia procedente de las bolsas de marginación inmigrante. Parece constatado que la delincuencia aumenta con el aumento de la inmigración clandestina. La expulsión de los inmigrantes con delitos menores parece ser la medida más efectiva contra este tipo de delincuencia.

Mayor coordinación y centralización administrativa. Bajo este epígrafe el documento se hace eco del requerimiento de una mayor coordinación en materia de extranjería, efectuado por el Defensor del Pueblo en su informe de 1989, y se especifican las vías para obtener dicha centralización y agilizar los asuntos sobre los extranjeros en el país (creación de una Comisión Interministerial, una Oficina única de extranjeros en cada provincia y un Servicio de Inmigración dentro del Ministerio de Trabajo y Seguridad Social).

Reforma de los procedimientos de asilo y refugio. Parece haberse constatado que, bajo las figuras de asilo y refugio, se están produciendo entradas fraudulentas de inmigrantes que no pueden acceder al país por medios legales, y que son posibles dada la demora en las tramitaciones de las solicitudes. Por tanto, en el documento se establecen una serie de actuaciones encaminadas fundamentalmente a agilizar los trámites para la resolución de los expedientes de asilo y refugio.

El objetivo de estas reformas es el de evitar que por la vía del asilo y refugio se produzca una inmigración paralela que se sustraiga a la aplicación de la normativa general en materia de extranjería, así como garantizar sin dilaciones a los verdaderos refugiados el pleno disfrute de los derechos que les reconoce nuestro ordenamiento jurídico (p. 25)

La dimensión europea de una política de extranjería. La política española de extranjería debe ser coherente con la idea de la Europa de los ciudadanos, para la cual se necesita suprimir las fronteras interiores.

En esta línea se sitúa el Acuerdo de Schengen, y el Gobierno español, de acuerdo con las medidas liberalizadoras del Acuerdo, tratará de adherirse al mismo, aunque ya participa en los trabajos del Grupo en calidad de observador.

Potenciar la cooperación española al desarrollo. En el documento se considera que la restricción de las entradas de inmigrantes a nuestro país debe ir unida a medidas de apoyo económico hacia aquellos países de mayor potencial emigratorio hacia España, fundamentalmente en lo que respecta a los países del Magreb.

Tras describir estas líneas de actuación, el texto concluye asumiendo la necesidad de poner un límite a la inmigración:

Para asegurar el respeto a nuestros valores constitucionales y preservar eficazmente la dignidad de los extranjeros presentes en España no debemos acoger más que aquellos que podamos integrar, impidiendo con el desarrollo de una política coherente el surgimiento de corrientes racistas y xenófobas en nuestro país. Todavía estamos a tiempo de evitar que el fenómeno inmigratorio se transforme en conflicto social y problema político. La cifra como máximo de 600.000 extranjeros en nuestro suelo nos posibilita todavía, con un efectivo control de los flujos, el desarrollar una política de solidaridad con los extranjeros ya instalados en nuestro país y con los que continúen viniendo a él en el futuro (p. 29).

La cifra emblemática de los 600.000 extranjeros ha sido ya superada ampliamente, del mismo modo que la política de inmigración, iniciada con ciertos tintes de dureza, se ha flexibilizado y cambiado de tono.

Las primeras actuaciones concretas para desarrollar esta política de inmigración fueron las referidas al control de flujos y reforzamiento de fronteras, dejando olvidadas las medidas que se requerían para integrar a los extranjeros ya residentes en la comunidad española. La política de integración tardaría varios años en llegar. En medio de este afán por reforzar las fronteras y ejercer un control sobre los flujos, los expertos se percataron de la existencia de numerosa inmigración que escapaba a este control: la inmigración clandestina (más conocida como *ilegal*). Ante la certeza de que en España existían importantes bolsas de inmigrantes desconocidos por la Administración, se percibió la necesidad de posibilitar su emergencia al mundo legal, articulando varios procesos de regularización a semejanza de experiencias externas (en 1985-86, en 1991-92 y en 1996). Estos procesos de regularización, a los que se acogieron fundamentalmente ciudadanos de países menos desarrollados, tenían por objeto el saneamiento de la situación inmigratoria desde el punto de vista legal. Ello significó la consolidación de un cambio en la composición de nuestra extranjería, emergiendo con fuerza los colectivos de marroquíes, iberoamericanos, chinos y filipinos.

Más tarde se articuló otro procedimiento, que si bien era distinto en sus intenciones, sirvió de hecho para regularizar a más inmigrantes clandestinos. Nos referimos al sistema de cupos o contingente anual de afluencias de inmigrantes. El primer contingente se adopta en 1993. Después habría otros en 1994, en 1995, en 1997, en 1998 y en 1999. Este último fijaba en 30.000 las autorizaciones para emplear a trabajadores extranjeros. La política de contingentes, consagrada en el Reglamento de 1996, se estableció como un instrumento orientado a la necesidad de tomar la iniciativa en la organización de los flujos de inmigración en función de las necesidades de mano de obra de la economía española y de la capacidad de absorción de la sociedad. Cabe añadir que los contingentes previstos para los próximos años superan, con mucho, las cifras manejadas hasta este momento y que oscilaban entre los 20.000 y 30.000 inmigrantes anuales. Concretamente, las necesidades de mano de obra en el sector agrario para labores de temporada y la necesidad de erradicar la utilización ilegal de mano de obra extranjera, así como de mejorar las condiciones de trabajo de los inmigrantes, ha obligado a reconsiderar estas cifras. A finales de 1999 se considera que la cifra de trabajadores inmigrantes necesaria para el sector puede llegar a unos 100.000 al año a partir del 2000.

Por su parte, la política de integración de los inmigrantes afincados en España tiene su expresión en el Plan para la Integración Social de los Inmigrantes, aprobado por el Consejo de Ministros el 2 de diciembre de 1994. Dicho Plan pretende constituir el marco para un política activa de integración social.

En 1993 se reestructura el Ministerio de Asuntos Sociales y se incorpora a él la Dirección General de Migraciones (DGM, antiguo Instituto Español de Emigración). Esta incorporación, junto con el creciente número de flujos migratorios hacia España, favorece la reflexión en torno al fenómeno de la inmigración. Las políticas migratorias hasta entonces se reducían a las normativas legales para el acceso de extranjeros a territorio español, su estancia y los términos de la misma, la adquisición de la nacionalidad y del estatus de refugiado o derecho de asilo, así como la reglamentación para desempeñar una actividad laboral en España por parte de los trabajadores extranjeros.

El incremento de las afluencias, del número de residentes, así como de las actitudes y conductas racistas y xenófobas en España, condujeron a la Administración a reflexionar sobre la necesidad de elaborar, más allá de la mera legislación migratoria, políticas tendentes a la integración de aquellos extranjeros que residían en el país, de acuerdo, por otra parte, con la tendencia del resto de los países europeos, quienes mostraban una tendencia a incrementar su actuación en favor de dicha integración y de la reducción de los fenómenos racistas y xenófobos. De este modo, el 2 de diciembre de 1994 el Consejo de Ministros aprueba el Plan para la Integración Social de los Inmigrantes, cuyos objetivos explícitos son:

— Eliminar cualquier tipo de discriminación injustificada, tanto en el ejercicio de los derechos como en el acceso a los servicios existentes (principio de no discriminación).
— Promover una convivencia basada en valores democráticos y en actitudes tolerantes.
— Garantizar al inmigrante una situación jurídica y socialmente estable.
— Combatir las barreras que dificultan la integración.
— Erradicar cualquier tipo de explotación.
— Movilizar e implicar a toda la sociedad en la lucha contra el racismo y la xenofobia.

Con la puesta en marcha de este plan se pretenden desarrollar una variedad de medidas en diversos ámbitos de la vida social: educativo, cultural, laboral, legal, de participación social, etc. Todas estas medidas serán de carácter eminentemente social y humanitario.

Como complemento a estas medidas, el plan contempla la creación de dos instrumentos específicos que servirán para asegurar la efectividad en la aplicación del plan: el Foro para la Integración de los Inmigrantes y el Observatorio Permanente de la Inmigración (OPI).

El Foro para la Integración Social de los Inmigrantes se crea mediante el Real Decreto 490/1995 de 7 de abril. Su objetivo es servir de cauce para la participación y el diálogo, así como vía de implicación de toda la sociedad en la búsqueda de soluciones y alternativas que exija la integración del colectivo. Sus funciones específicas son las siguientes:

— Facilitar la comunicación, el intercambio de opiniones e información entre el colectivo de inmigrantes legalmente establecido y la sociedad de acogida.
— Formular propuestas y recomendaciones tendentes a promover la integración social de los inmigrantes.
— Recibir información sobre programas y actividades que lleven a cabo las distintas Administraciones públicas en materia de integración social.
— Recabar y canalizar propuestas de las organizaciones sociales cuya actividad tenga relación con el fenómeno inmigratorio, con vistas a facilitar la convivencia entre inmigrantes y la sociedad de acogida.

— Promover estudios o iniciativas sobre proyectos relacionados con la integración social de los inmigrantes.
— Mantener contactos con otros órganos análogos en otros contextos.

El Foro está compuesto por un presidente (nombrado por el titular del Ministerio de Trabajo y Asuntos Sociales) y 30 vocales, de los cuales 10 son representantes de las Administraciones Públicas y 20 de asociaciones de inmigrantes, de organizaciones sindicales y de organizaciones empresariales y organizaciones no gubernamentales.

Por su parte, el Observatorio Permanente de la Inmigración (OPI) se constituye como una estructura que se encargará de elaborar diagnósticos que permitan conocer en cada momento la situación real y poder hacer así un diagnóstico sobre la evolución y consecuencias que pueda tener el fenómeno migratorio en la sociedad de acogida. Los objetivos del OPI se articulan en torno a tres dimensiones:

Conocimiento:
— Centralizar y sistematizar la información existente sobre migraciones.
— Obtener información cuantitativa y cualitativa sobre las características de los flujos migratorios y su grado de asentamiento.
— Diseñar un sistema de medición del nivel de integración social de los distintos colectivos

Evaluación:
— Comparar las distintas situaciones según regiones de acogida, por un lado, y nacionalidades de origen, por otro.
— Diagnosticar problemas.
— Evaluar la eficacia de las acciones emprendidas por los agentes públicos y privados.
— Orientar futuras acciones en el marco del plan.

Debate:
— Transmitir a los medios de comunicación información veraz.
— Generar un debate positivo en la sociedad civil.
— Eliminar tópicos y prevenir rechazos ligados a la ignorancia.

Hasta aquí se han expuesto las orientaciones que han guiado la elaboración de una política específica de inmigración, así como la articulación de medidas concretas con el fin de alcanzar los objetivos fijados. Queda, por último, conocer las actitudes de los españoles ante la inmigración y los inmigrantes. Antes de ello, sin embargo, esbozamos a continuación el reparto actual de las competencias administrativas en materia de extranjería.

2.3 Competencias administrativas

Las competencias administrativas en materia de extranjería están repartidas entre diversos ministerios, dada la diversidad de facetas sociales y jurídicas que están implicadas en el proceso de entrada, residencia y actividad laboral de ciudadanos extranjeros en un país dado. Tales competencias, aunque repartidas entre distintos ministerios, están supervisadas y coordinadas por la Comisión Interministerial de Extranjería. Los ministerios más directamente implicados en la regulación de los flujos migratorios, así como en la elaboración de medidas concretas en relación a los inmigrantes, según las competencias asignadas por el Real Decreto 155/1996, son los siguientes:

Ministerio de Justicia e Interior. Entre sus funciones específicas se encuentran el control de fronteras (Dirección General de Policía, DGP), la tramitación de los permisos de residencia y de trabajo (DGP), la gestión de un Registro Central de Extranjeros (DGP), la concesión de los permisos de residencia (delegaciones del Gobierno), la tramitación de las expulsiones (fiscalía) y la gestión de los llamados «centros de internamiento».

Ministerio de Asuntos Exteriores. A través de las oficinas consulares y misiones diplomáticas en el extranjero, es el encargado de expedir los visados de residencia, tránsito o estancia, previos a la tramitación de los permisos de residencia necesarios para traspasar las fronteras hacia España.

Ministerio de Trabajo y Asuntos Sociales. Dentro de este ministerio se encuentra la Secretaría general de Asuntos Sociales, en la que, a su vez, se incluye la actual Dirección General de Ordenación de las Migraciones (antes, Dirección General de Migraciones). Esta Dirección General es la encargada de conceder los permisos de trabajo a los extranjeros, programar los flujos migratorios en función de las necesidades de mano de obra de la economía española, gestionar y coordinar los contingentes, hacer un seguimiento de las condiciones de trabajo de los extranjeros y tramitar los procedimientos sancionadores en caso de incumplimientos laborales. Este ministerio, en la rama de los Asuntos Sociales, es también el encargado de elaborar políticas sociales en favor de la integración de los inmigrantes.

3. Actitudes sociales, creencias y opiniones en torno a la inmigración

Finalizamos esta obra sobre las migraciones contemporáneas con el tratamiento de un aspecto fundamental del fenómeno migratorio: la percepción social de la inmigración. Inmersos en el contexto español, las percepciones y actitudes hacia la inmigración y los diversos colectivos de inmigrantes por parte de la sociedad española quedan recogidas en algunas encuestas que se vienen realizando con una cierta periodicidad. Las más recientes son la realizada por el Centro de Investigaciones Sociológicas en 1995 a 3.991 ciudadanos y titulada *Actitudes hacia la inmigración*, la realizada por el CIRES en el mismo año a 1.200 españoles (*Actitudes hacia los inmigrantes),* y la realizada por ASEP en 1997 a 1.204 personas, por encargo del Ministerio de Trabajo y Asuntos Sociales, y también titulada *Actitudes hacia los inmigrantes*. En este tipo de encuestas se suele recoger información en torno a diferentes aspectos de la inmigración y los inmigrantes, entre los que se encuentran los siguientes:

— Valoración de diferentes grupos de extranjeros.
— Actitudes generales hacia la inmigración: percepción del volumen de inmigrantes, efectos de la inmigración sobre nuestra cultura y nuestra economía, comprensión de los motivos que inducen a emigrar, preferencias por el tipo de asentamiento (temporal/permanente), criterios para el establecimiento de cuotas de inmigración y actitudes básicas sobre los derechos de los inmigrantes.

— Evaluación de la inmigración de personas procedentes de países menos desarrollados: limitación de su entrada, favorecer su integración/regreso, problemática de integración de grupos específicos, influencia de estos inmigrantes sobre el paro de los nacionales, salarios y delincuencia, tipos de ayudas que el Estado debería ofrecer a estos inmigrantes y su comparación con los procedentes de países desarrollados y percepción sobre los grupos más beneficiados/perjudicados por este tipo de inmigración.

— Relación personal con inmigrantes procedentes de países menos desarrollados: para establecer el grado de contacto entre españoles y este tipo de extranjeros: conversaciones, parentesco, amistad, relación laboral y vecindad.

— Evaluación de la inmigración procedente de los países más desarrollados: actitudes en favor de esta inmigración, percepción de su volumen, preferencias para su integración por grupos específicos de inmigrantes, influencia beneficiosa/perjudicial de esta inmigración para la economía española y la percepción de la influencia que esta inmigración ejerce sobre el paro y los salarios en España.

— Emigración de españoles a otros países: experiencia de aquellos que han trabajado fuera de España durante más de un año.

— Actitudes básicas hacia Europa.

No es nuestro objetivo presentar todos los resultados de estas encuestas, pues la información obtenida es demasiado abundante. Simplemente destacaremos algunos con una doble finalidad: la de conocer las actitudes de los españoles hacia algunos aspectos importantes del fenómeno inmigratorio y la de poner de manifiesto, con fines reflexivos, la falta de adecuación de algunas de estas opiniones con la realidad objetiva.

Así pues, la presentación de las percepciones sociales de la inmigración y de los inmigrantes que tienen los españoles no la vamos a hacer en el vacío, sino inserta en un marco de reflexión: la que tiene en cuenta la producción y reproducción sociales del conocimiento dominante en la vida cotidiana, y los mecanismos por los cuales este conocimiento, a través de la circulación de imágenes colectivas que conforman parte del «sentido común», se erige en «verdad» autoevidente en función de la fuerza con que se imponen al sujeto ciertas representaciones de la realidad. En este campo de análisis, los medios de comunicación de masas no sólo no son ajenos a la creación y reproducción de imágenes sociales de realidad, sino que constituyen hoy día una de las fuentes prioritarias de conocimiento para el individuo (Allport, 1977; Bourdieu, 1997; Perceval, 1995; Van Dijk, 1997). Así, en este apartado vamos a poner de manifiesto la ausencia de correspondencia entre las imágenes dominantes entre la ciudadanía española acerca de la situación inmigratoria y la propia situación inmigratoria, lo cual plantea un problema serio a nuestro entender: las consecuencias «reales» de la circulación social de imágenes inmigratorias que deforman la realidad. Baste para ello recoger unos breves ejemplos de la inexactitud en que se desenvuelve el ciudadano medio español a la hora de apreciar el fenómeno de la extranjería en nuestro país, así como la presencia de diversos estereotipos inmigratorios asociados al origen del inmigrante.

Lo primero que llama la atención en las encuestas sobre inmigración es la diferente valoración que hace la ciudadanía de los distintos grupos de extranjeros en función de su origen. Se trata de algo aparentemente lógico: a todo el mundo nos caen mejor unas personas que otras. Sin embargo esta supuesta obviedad no debe enmascarar un hecho importante: la valoración de los diferentes grupos de extranjeros no se realiza tras el conocimiento personal de personas concretas, tras una relación «cara a cara»; no responde en su mayoría, por tanto, al resultado de una experiencia personal, sino a la circulación de estereotipos que permite hacerse una idea positiva o negativa de gentes a las que nunca se ha visto o a las que nunca se ha tratado.

La figura 5.9 muestra un claro orden de preferencias con respecto a los diversos grupos de «otros»: mayor simpatía hacia europeos occidentales y latinoamericanos; menor simpatía por árabes (o marroquíes concretamente); mayor desconocimiento de asiáticos, europeos del Este y rusos. Un dato nos resulta curioso: la preferencia de los africanos de raza negra sobre los norteamericanos. En relación a ello detectamos, sin embargo, la primera desviación entre el estereotipo abstracto, en el que sin duda pesa la imagen imperialista de Estados Unidos, y las preferencias cuando se trata de la vida particular y cotidiana de los ciudada-

Figura 5.9 Valoracion de los diferentes grupos de extranjeros (% de respuestas). España, 1997

Grupos	De 0 a 3	De 4 a 6	de 7 a 10	NS/NC
Europeos occidentales	4	49	42	5
Latinoamericanos	6	51	37	5
Europeos del Este	5	52	36	7
Asiáticos	6	52	34	8
Africanos negros	8	52	34	6
Norteamericanos	10	53	31	6
Rusos	10	53	29	8
Marroquíes/árabes	19	50	25	7

FUENTE: ASEP, 1997 («valoración»: 0 = muy negativa; 10 = muy positiva).

nos. Así, preguntados por la importancia que atribuirían al hecho de que un hijo o hija se casase con un extranjero, los datos contravienen la valoración anterior, ya que sólo el 10% le daría mucha importancia en el caso de que el extranjero fuese un estadounidense, mientras que el 25% se la daría si éste fuese un africano o africana de raza negra.

La distinta valoración de los diferentes grupos humanos no termina aquí, en la existencia de preferencias o simpatías abstractas asociadas fundamentalmente a la similitud étnica, racial o cultural. La pertenencia a contextos mundiales de riqueza o pobreza, socialmente predefinidos, resulta también determinante a la hora de valorar positiva o negativamente la presencia de extranjeros en el país. Las encuestas del CIRES (95) y de la ASEP (1997) establecen dos apartados diferentes: uno referente a inmigrantes procedentes de países «menos desarrollados» y otro orientado a recoger actitudes hacia los inmigrantes procedentes de los «países desarrollados» (Europa occidental, Norteamérica y Japón, concretamente). La comparación de las actitudes y valores relativas a cada uno de estos dos grandes grupos de extranjeros muestra la existencia de un doble «rasero» frente al inmigrante, a la vez que vuelve a manifestar la incoherencia de la antipatía expresada inicialmente hacia los norteamericanos y en favor de los africanos de raza negra.

Figura 5.10 Actitud hacia la inmigración por procedencia de la misma (% de respuestas). España, 1995

	Limitar la entrada a inmigrantes procedentes de países menos desarrollados	Actitud hacia la inmigración procedente de países desarrollados		
		Norteam.	Japón	Eur. Occid.
Muy partidario o partidario	55,2	65,5	66,1	68,8
Contrario o muy contrario	36,2	22,8	21,5	18,7
NS/NC	8,6	11,6	12,4	12,6

FUENTE: CIRES, 1995.

La diferente actitud hacia un inmigrante, dependiendo del nivel económico del área de origen (que no de la propia situación económica del inmigrante concreto), se presenta ya desde las primeras preguntas formuladas (fig. 5.10). Téngase en cuenta que las preguntas están formuladas en sentido inverso, por lo que su lectura debe hacerse también en sentido inverso. Los ciudadanos se muestran más partidarios de limitar la entrada de inmigrantes procedentes del tercer mundo que de no hacerlo, mientras que, también en mayoría, se muestran partidarios de que acudan al país gentes procedentes del mundo desarrollado, se entiende que sin limitación alguna.

El ciudadano español entiende que la inmigración procedente de los países más desarrollados favorece a la economía española, mientras que la inmigración procedente del subdesarrollo es gravosa para todos los españoles. Es decir, que se entiende que los primeros vienen a «dar» (inversiones, experiencia, conocimientos…), mientras que los segundos vienen a «pedir», cuando no a «quitar» (trabajo, servicios sociales, subvenciones…). Esto se puede comprobar en los datos de la figura 5.11.

No podemos olvidar la tiranía que supone la aplicación de un estereotipo genérico a individuos concretos (Allport, 1977: 22). De poco sirve que un inmigrante sea económica o laboralmente solvente si procede de un país subdesarrollado, ya que habrá de enfrentarse a la etiqueta de «pobre» que se le habrá colocado aún antes de asentarse en tierra ajena. Esto tiene consecuencias, no

Figura 5.11 Percepción de la influencia de la presencia de inmigrantes en función de su procedencia (% de respuestas). España, 1995

INFLUENCIA SOBRE...	PROCEDENCIA	
	Países menos desarrollados	Países desarrollados
EL PARO:		
Aumenta	50	30
No afecta	45	63
NS/NC	5	8
LOS SALARIOS:		
Disminuyen	32	18
No afecta	58	70
Aumentan	2	3
NS/NC	8	8
DELINCUENCIA		
Más delincuencia	46	14
No afecta	47	76
NS/NC	7	10

FUENTE: CIRES, 1995.

sólo a la hora de integrarse «de facto» en un contexto social concreto (vivienda, educación de los hijos, relaciones vecinales...), sino también para poder hacer efectivo el propio asentamiento (cupos, visados, controles fronterizos, permisos pertinentes...). Ello por no hablar, como lo haremos más adelante, de la falacia que supone la identificación de los trabajadores de los países menos desarrollados con «inmigración económica» (esto es, la que ocupa puestos de trabajo nacionales, de por sí escasos), mientras que los trabajadores procedentes de los países desarrollados ni siquiera son considerados inmigrantes y, por lo tanto, parecen no ocupar puestos de trabajo, no desarrollar actividades lucrativas o no enviar remesas económicas a sus países de origen. En todo caso, tales actividades se perciben como beneficiosas para nuestra economía, mientras que las actividades laborales de los otros inmigrantes se consideran una carga económica y social para nuestro país.

Pero antes de tratar la imagen del trabajador extranjero nos parece conveniente conocer otros aspectos más generales de las actitudes hacia la extranjería, así como las notables incongruencias que presentan.

Llama la atención de las encuestas actitudinales la gran tolerancia que manifiestan los ciudadanos ante el hecho migratorio expresado en términos abstractos. Así, el 61% de los casi 4.000 encuestados por el CIS valora positivamente la supresión de fronteras entre los países de la Unión Europea; el 90% se muestra favorable a la libertad de residencia en general y el 80% considera que se debe acoger a los solicitantes de asilo político (con o sin restricciones). Con respecto a los resultados de la encuesta del CIRES sorprende la respuesta obtenida ante la siguiente afirmación:

Los ciudadanos de cualquier país deberían tener derecho a establecerse en cualquier país, sin ningún tipo de limitaciones.

El 55% de los encuestados se mostró muy de acuerdo o de acuerdo con ella, el 14% expresó su indiferencia y sólo el 23% contestó que estaba en desacuerdo o muy en desacuerdo con esta idea. Según estos resultados, parecería primar la preferencia de una libre circulación del personas por el mundo frente a la idea de la limitación o el control. Pero esto es sólo apariencia. La libre circulación sólo es defendida como idea abstracta, y en ningún caso aplicable a nuestro entorno doméstico; es decir, es bueno que haya derecho a residir en cualquier lugar... siempre y cuando ese lugar no sea España. O por lo menos, que si vienen extranjeros, que no sea a trabajar. Esto nos lo demuestran los siguientes datos, presentes no sólo en las mismas encuestas, sino incluso en las mismas preguntas. Así, en la pregunta en donde se ofrecía la anterior afirmación aparecía la siguiente:

Sólo se debería admitir trabajadores de otros países cuando no haya españoles para cubrir esos puestos de trabajo.

Figura 5.12 Percepción del volumen de extranjeros (% de respuestas). España, 1995

	CIS	CIRES
Demasiados	32	27
Bastantes, pero no demasiados/Muchos	44	37
Pocos/No muchos	7	29
NS/NC	17	7

Esta idea restrictiva fue respaldada por el 61% de los encuestados, mientras que sólo el 21% la rechazó. Los datos son bastante elocuentes por sí mismos, máxime si recordamos que el 56% de los encuestados por el CIRES se manifestaron partidarios de limitar la entrada a inmigrantes procedentes de países menos desarrollados. Es más, con respecto a la materialización de las restricciones de la entrada de extranjeros, esto es, el cupo anual fijado por el Gobierno, el 61% de los encuestados por el CIS expresaron su acuerdo con dicha medida genérica. Pero el volumen de dicho cupo, cifrado en 20.000 trabajadores extranjeros, fue considerado elevado por el 63% de los encuestados por el CIRES. Por último, y atendiendo a la percepción que el ciudadano español tiene del volumen de extranjeros que actualmente residen en España, percibimos también esa sensación de «exceso» o, por lo menos, de que hay más que suficientes (fig. 5.12).

Estos datos son, en cierto modo, incompatibles con la defensa mayoritaria de la libre circulación de personas por el mundo sin restricciones. Los resultados de las encuestas actitudinales están plagados de la incoherencia que supone la defensa de derechos que se consideran fundamentales, por un lado, y la materialización práctica de los mismos, por otro; sobre todo cuando ésta se percibe con consecuencias perturbadoras. Y son precisamente estas consecuencias indeseables que se asocian a la inmigración las que consideramos se encuentran desmesuradas en el imaginario colectivo de los españoles. La transmisión de imágenes negativas de ciertos colectivos inmigrantes por parte de los medios de comunicación (especialmente la TV y prensa diaria),

Figura 5.13 **Volumen de inmigración percibido en comparación con otros países (% de respuestas). España, 1995**

	Francia	Italia	Alemania
Más que en…	15	17	15
Igual que en…	17	22	14
Menos que en…	35	20	35
NS/NC	33	42	36

FUENTE: CIS, 1995.

los conflictos localizados en determinadas áreas de concentración inmigrante (generalmente ya de por sí problemáticas), la sensación generalizada de crisis económica y de amenaza del Estado de bienestar, junto con otros factores, han conseguido dibujar entre nosotros una imagen distorsionada de la realidad inmigratoria. La percepción comparativa entre la situación inmigratoria de España y la de otros países europeos es otro ejemplo de ello (fig. 5.13).

Ciertamente sólo en torno al 15% de la población encuestada considera que en España hay más inmigrantes que en otros países cercanos. Aun así nos parece una proporción importante la que desconoce la situación, lo que le lleva a no contestar a la pregunta o a manifestar una creencia disconforme con la realidad, pues sabemos que otros países de nuestro entorno no sólo cuentan con mayor número y proporción de inmigrantes extranjeros, sino con grupos étnicos diferentes mucho más numerosos que en España. No podemos olvidar que, a la fecha de la realización de las encuestas, la mayoría de nuestros inmigrantes procedían de países comunitarios, y que las comunidades étnicas diferenciadas eran muy minoritarias entre nosotros.

En la composición de nuestra inmigración también se perciben ciertas distorsiones con respecto a la realidad, ya que si bien se considera que la comunidad más voluminosa de inmigrantes es la de marroquíes, la inmigración europea y latinoamericana (verdaderamente importante entre nosotros) pasa casi desapercibida (fig. 5.14).

Figura 5.14 Grupo de inmigrantes que se cree más numeroso en España

	%
Marroquíes	58,0
No sabe	10,5
Latinoamericanos	10,3
Africanos negros	8,1
Portugueses	5,9
Chinos/asiáticos	2,0
Europeos en general	2,0
(Otras respuestas en menores proporciones)	

FUENTE: CIS, 1995 (pregunta con tarjeta).

Aspecto interesante es también el contenido que adquiere el término «inmigrante» entre los ciudadanos españoles. El inmigrante por excelencia es el *moro*, el *árabe* (fig. 5.14); poco importa que existan entre nosotros otras comunidades de extranjeros tan numerosas como las de éstos, como tampoco parece tener importancia la distinta significación de los términos *moro, marroquí* y *árabe*.

Pero si extendida está la idea de que el inmigrante por excelencia es el árabe, moro o marroquí (términos que significan lo mismo para buena parte de la ciudadanía española), aún más lo está la imagen global del inmigrante como sujeto económicamente débil, procedente, a su vez, de países pobres de los que tiene que emigrar para no morirse de hambre. Una vez más los datos muestran la falta de correspondencia entre imagen y realidad: el 57% de los encuestados por el CIRES consideran pequeño o muy pequeño el número de inmigrantes en España procedentes de países desarrollados. Hemos comprobado cómo casi la mitad de nuestros inmigrantes proceden de países de la UE, difícilmente etiquetables como «menos desarrollados».

Si tenemos en cuenta los datos reales de los PIB de cada uno de los países de donde proceden nuestros inmigrantes, podremos extraer conclusiones interesantes. De 56 países de origen, que suponen la procedencia del 93% de nuestros inmigrantes, se ha re-

Figura 5.15 Grupo que se asocia a la palabra inmigrante en primer lugar

	%
Marroquíes, moros, árabes..	44,4
No sabe...	17,6
Africanos/África negra..	12,1
Sudamericanos	4,1
Todos/nadie en particular...	3,3
(Otras respuestas en menores proporciones)	

FUENTE: CIS, 1995. Pregunta abierta.

cabado información sobre sus PIB per cápita anuales entre los años 1990 y 1994. Casi la mitad de ellos proceden de países como Alemania, Francia, Suiza, Estados Unidos, Países Bajos, Reino Unido o Italia, entre otros. Todos ellos con un Producto Interior Bruto per cápita superior a los casi 12.000 dólares anuales con los que contaba España en 1994. El 45% de esos inmigrantes proceden de países con PIB per cápita de más de 15.000 $ anuales; un 10% procede de países con un PIB per cápita de entre 5.000 y 15.000 $ anuales, y el otro 45% procede de países con un PIB per cápita inferior a los 5.000 $ anuales. Si a ello sumamos el hecho del todavía escaso volumen de extranjeros presentes en el país, creo que aún estamos muy lejos de la imagen de «invasión» de inmigrantes pobres que parece dominar las mentes de los ciudadanos; imagen que, como también hemos podido comprobar, tiene sus consecuencias sociales reales, esto es, el apoyo a las políticas restrictivas para ciertos tipos de inmigrantes, considerados como «nocivos» y excesivamente numerosos, mientras que para otros (paradójicamente más numerosos en realidad) no se percibe necesidad de limitación, ya que son considerados poco importantes numéricamente además de beneficiosos para nuestra economía.

No queremos terminar este breve repaso al imaginario colectivo de la inmigración sin hacer mención al inmigrante que más sufre la definición prejuiciada de los ciudadanos; esto es, el trabajador procedente de los países menos desarrollados.

Algo ya se ha podido percibir anteriormente sobre el estereotipo del trabajador inmigrante, máxime cuando éste procede de países no desarrollados. La sensación de que estos inmigrantes provocan más paro, o vienen a «quitar» puestos de trabajo a los españoles es harto frecuente. Sin embargo, vamos a repasar algunos esbozos de la realidad.

Hay que tener en cuenta, en primer lugar, que desde 1992 los trabajadores procedentes de la Unión Europea, así como de algunos otros países, no necesitan solicitar un permiso de trabajo. Dado que deseamos conocer la situación laboral de los europeos, no nos queda más remedio que acudir a datos censales, y no a los ofrecidos por el Ministerio de Trabajo (PT). Los últimos datos publicados adecuados a nuestros objetivos son los referidos al Censo de 1991.

En estas fechas existían algo más de 15 millones de españoles activos. Los extranjeros que se encontraban activos en 1991 eran tan sólo 131.565, esto es, un 1,1% sobre el total de la población activa española. La cifra ya es, de por sí, bastante elocuente, puesto que no revela precisamente una invasión de extranjeros del mercado laboral español. Pero si tenemos en cuenta a los que realmente están ocupados, las cifras merman considerablemente: 104.936 extranjeros se encontraban trabajando legalmente en España en 1991, lo que suponía el 0,8% sobre el conjunto de trabajadores ocupados españoles en esa fecha. Otra cuestión interesante: de estos casi 105.000 puestos de trabajo ocupados por extranjeros, el 56% lo ocupaban trabajadores europeos o norteamericanos (fig. 5.16).

Por otro lado, se puede observar que el paro afecta en mayor medida a los colectivos de inmigrantes procedentes de áreas geográficas menos desarrolladas, de lo que se deriva que tales colectivos tienen mayores dificultades para ocupar un puesto de trabajo en España que los inmigrantes procedentes de las áreas más desarrolladas del planeta. Con todo ello, podemos concluir diciendo que son los extranjeros que proceden de países más desarrollados los que más puestos de trabajo ocupan en España. No es ésta, sin embargo, la idea que circula entre los ciudadanos españoles.

Pero no sólo es importante conocer el volumen de extranjeros que se encuentran trabajando en España, atendiendo a su origen, sino el tipo de trabajo que desempeñan y las condiciones bajo las cuales trabajan. Si consideramos la dependencia laboral, debe-

Figura 5.16 Residentes extranjeros de 16 y más años de edad según relación con la actividad, 1991

	Total	Inactivos	Activos Total	Activos Ocupados	Activos Parados	% Paro	Tasa Paro
TOTAL	297.256	165.670	131.565	104.936	26.629	100,0	20,24
U. Europea	154.675	95.299	59.374	48.559	10.815	46,3	18,22
Otros Europa	19.762	13.245	6.517	5.064	1.453	4,8	22,30
África	34.409	12.215	22.186	16.975	5.211	16,2	23,49
América Central	7.905	4.484	3.420	2.517	903	2,4	26,40
América del N.	15.557	9.345	6.203	5.131	1.072	4,9	17,28
América del S.	42.267	21.060	21.207	16.336	4.869	15,6	22,96
Asia	18.193	7.863	10.330	8.915	1.415	8,5	13,70

FUENTE: INE; Censo de Población, 1991. Elaboración propia.

mos entender que los trabajos que se hacen por cuenta propia suponen que el puesto de trabajo es creado por el propio trabajador, mientras que los trabajos por cuenta ajena suponen la ocupación de un puesto de trabajo ya creado por otros. Según los datos oficiales (fig. 5.17), son los europeos los que, proporcionalmente trabajan más por cuenta propia que ajena, mientras que los afri-

Figura 5.17 Residentes extranjeros ocupados según situación laboral, 1991

	Total	Cta. propia Total	Cta. propia %	Cta. ajena Total	Cta. ajena %	Cta. ajena Fijos	Cta. ajena Event.	Otros %
UE	48.559	14.982	32,9	29.927	61,6	42,1	19,5	5,5
Otros Europa	5.064	1.336	26,4	3.392	67,0	46,1	20,9	6,6
África	16.975	2.949	17,4	12.844	75,7	28,9	46,7	7,0
América Central	2.517	415	16,5	1.820	72,3	42,0	30,3	11,2
América del N.	5.131	1.088	21,2	3.454	67,3	52,1	15,2	11,5
América del S.	16.338	4.754	29,1	10.159	62,2	37,9	24,2	8,7
Asia	8.915	2.652	29,7	5.552	62,3	45,8	16,5	8,0

FUENTE: INE; Censo de Población, 1991. Elaboración propia.

canos y sudamericanos tienden más a trabajar por cuenta ajena que por cuenta propia.

Sin embargo hay que tener en cuenta tres cuestiones importantes. Primera, todos los trabajadores extranjeros trabajan más por cuenta ajena que por cuenta propia. Segunda, siguen siendo los europeos y norteamericanos los que más puestos de trabajo ocupan por cuenta ajena. Así, de los casi 70.000 puestos de este tipo, 36.773 están ocupados por europeos y norteamericanos, mientras que sólo 30.375 pertenecen a trabajadores africanos, centroamericanos, sudamericanos y asiáticos (entre los que hay japoneses). Tercera, los trabajos ocupados por los extranjeros procedentes de países desarrollados son los más cualificados. Esto es, además de ocupar más puestos de trabajo, éstos son de mejor calidad que los ocupados por inmigrantes de países menos desarrollados. Los datos sobre las profesiones de los trabajadores extranjeros así lo demuestran (fig. 5.18).

Si nos hacemos eco del discurso dominante, las consecuencias son verdaderamente paradójicas. Si por un lado se admite como pauta general el hecho de que los trabajadores extranjeros procedentes de los países menos desarrollados poseen profesiones menos cualificadas (y por lo tanto peor remuneradas) y por otro se estima que los extranjeros ocupan puestos de trabajo que podrían ocupar los nacionales, nos vemos obligados a concluir que quienes compiten con los españoles en el mercado de trabajo de forma más ventajosa no son precisamente los inmigrantes procedentes de los países menos desarrollados, sino los trabajadores de países desarrollados. Cierto es que a tales trabajadores ni siquiera se les considera inmigrantes; menos aún inmigrantes económicos. Y sin embargo están presentes en el mercado laboral español en mayor medida que el resto de trabajadores, a quienes se acusa de incrementar el paro español. Se podría argumentar que vienen a aportar conocimientos y experiencias laborales aprovechables para la ciudadanía española. Pero de la misma manera se podría argumentar que los trabajadores extranjeros que realizan actividades menos cualificadas también tienen consecuencias positivas para la economía española y para el bienestar de los trabajadores nacionales. Y sin embargo esta argumentación está ausente de los discursos dominantes, escuchándose tan sólo en círculos minoritarios.

Figura 5.18 Residentes extranjeros ocupados según profesión y nacionalidad, 1991

	1	2	3	4	5	6	7	8	9
UE	11.862	3.294	5.732	7.173	9.087	1.707	7.418	2.198	88
Resto Eur	1.609	424	724	700	809	76	569	136	17
África	813	124	443	3.135	3.181	1.716	3.067	4.424	72
América Central	621	82	228	263	882	52	271	116	2
América del N.	2.619	371	670	458	367	50	284	60	252
América del S.	5.843	597	1.414	2.429	2.674	210	2.620	507	44
Asia	1.332	392	595	1.896	3.819	80	585	201	15
Oceanía	126	15	26	26	16	5	22	10	—
TOTAL	24.825	5.299	9.832	16.080	20.835	3.896	14.836	7.652	490
Europa y Norteamérica	16.090	4.089	7.026	8.331	10.263	1.833	8.271	2.394	357
Resto	8.735	1.210	2.706	7.749	10.572	2.063	6.565	5.258	133

FUENTE: INE, Censo de Población 1991. Elaboración propia.

GRUPOS PROFESIONALES:

1 = Profesionales, técnicos y similares

2 = Directivos

3 = Personal administrativo

4 = Agentes comerciales, dependientes y vendedores

5 = Trabajadores de hostelería y servicios

6 = Agricultores, ganaderos y pescadores

7 = Trabajadores construcción, industria, minería y transportes

8 = Peones y trabajadores no especializados

9 = Profesionales Fuerzas Armadas

Pero si observamos detenidamente los datos por profesiones de los ocupados nos daremos cuenta de que el estereotipo bipolar establecido de forma tan diáfana entre trabajadores de países desarrollados como cualificados y trabajadores de países no desarrollados como no cualificados no se atiene a la realidad. Aún cuando la tendencia global es esa, existe un importante número de trabajadores procedentes de países no desarrollados con profesiones cualificadas (un 28%), del mismo modo que existe también un importan-

Figura 5.19 Trabajadores extranjeros por cualificación profesional y grupos de procedencia, 1991

Grupos profesionales	Europeos + Norteamericanos		Resto	
	Nº	%	Nº	%
1 +2 +3	27.305	46,47	12.651	28,12
4 +5 +6 +7 +8	31.092	52,92	32.207	71,59
9	357	0,61	133	0,30
TOTAL	58.754	100,00	44.991	100,00

FUENTE: INE, Censo de Población, 1991. Elaboración propia.

te sector de trabajadores procedentes de Europa o Norteamérica (un 52%) cuyas profesiones son menos cualificadas (fig. 5.19).

Hasta aquí hemos esbozado algunos rasgos de las imágenes que circulan entre la ciudadanía española en torno a la inmigración y los propios colectivos de inmigrantes asentados en nuestro país. De este imaginario colectivo queremos destacar algunos elementos importantes por su trascendencia social.

En primer lugar, comprobamos cómo existe una diferente percepción de los inmigrantes y de la inmigración en función de su procedencia, entendida ésta en términos de áreas de desarrollo económico. De este modo, la inmigración procedente de áreas geográficas menos desarrolladas no es positivamente percibida, mientras que la procedente de las áreas más desarrolladas es aceptada más positivamente.

En segundo lugar, el concepto «inmigrante» está claramente asociado a una sola categoría de extranjeros: aquellos que el ciudadano denomina como «moros», «árabes» o «marroquíes».

Como consecuencia de lo anterior, podemos conjeturar que el término inmigrante adquiere para el ciudadano español connotaciones negativas. La inmigración mejor valorada no se considera como tal. Encontramos dificultad para asociar el término «inmigrante» con los extranjeros que proceden de las áreas económicamente más desarrolladas, por lo que, probablemente, se les identifique simplemente como «extranjeros», término mucho más neutro, al parecer, que el de «inmigrantes». De hecho, la incorporación de España a la UE ha tenido consecuencias en este sentido, introduciendo una distinción legal (y por lo tanto de consecuencias sociales) entre extranjeros «comunitarios» y «no comunitarios». Mientras para los primeros no existen restricciones para su entrada, permanencia y ejercicio de actividad laboral, los segundos se encuentran fuertemente controlados. Pero aún dentro de los segundos también existen diferencias, ya que la propia legislación establece ciertas preferencias asociadas al origen de los inmigrantes a la hora de conceder una solicitud de residencia y de trabajo.

En general, las imágenes y representaciones sociales proceden, en buena medida, no de la experiencia directa del hombre con su entorno, sino del imaginario colectivo del que participa en tanto que miembro de una comunidad. Este imaginario colectivo es definido por Perceval como «cosmos de representaciones que articulan las tres funciones necesarias para la continuidad de la comunidad: trabajo presente, reconstrucción del pasado y transmisión de enseñanzas a la siguiente generación» (Perceval, 1995: 23). Contiene, por tanto, imágenes que se transmiten de generación en generación como un cuerpo cerrado de verdades «incontestables» (Perceval, 1995) o, cuando menos, como verdades no sujetas a verificación por entenderse como «naturales», fruto del proceso de socialización (Berger y Luckmann, 1995).

Entre tales imágenes se encuentran los estereotipos o rasgos atribuidos a un colectivos de personas. En términos amplios, los estereotipos son definidos por Allport como «imágenes inherentes a una categorías, invocadas por el individuo para justificar el prejuicio de amor o el prejuicio de odio». Tales imágenes están formadas por generalizaciones y/o burdas exageraciones de ciertas características atribuidas a otros. Una vez formados, dirá el autor, «hacen que su poseedor encare los datos futuros en términos de las categorías ya existentes» (Allport, 1977: 213-215). De ahí a la profecía que se autocumple hay tan solo un paso: las acciones de los sujetos, orientadas por moldes rígidos de clasificación y valoración, tienen repercusiones directas sobre la reconstrucción de la realidad.

En el caso que nos ocupa, la imagen de la inmigración en España parece estar fuertemente atravesada por estereotipos atribuidos a ciertos inmigrantes que encubren importantes prejuicios negativos hacia ellos. Evidentemente, los estereotipos son necesarios para la supervivencia del hombre. Para poder vivir necesitamos hacernos ideas de las cosas que nos rodean, clasificarlas y generar actitudes y actividades en relación a ellas. En unos casos las ideas formadas emanan de la experiencia directa y/o del conocimiento que nos transmiten otros. En muchos otros casos esto no es así. Entendemos que los estereotipos no racionales o no sujetos a realidad deben quedar relegados a los casos de difícil experimentación personal o conocimiento intelectual. En el mundo actual creemos que existen condiciones más que suficientes para desmantelar el estereotipo burdo y cambiarlo por definiciones más precisas, matizadas y menos generalizadoras. Así, en el caso de los inmigrantes, nos parece preocupante el mantenimiento, refuerzo y reproducción masiva de estereotipos negativos rígidos, aún cuando existan condiciones intelectuales y materiales para matizarlos. Buena parte de estos procesos que conducen al reforzamiento de ciertos estereotipos negativos están liderados por los medios de comunicación de masas. Ya en 1954, en su célebre tratado sobre los prejuicios, Allport alertaba sobre el papel que éstos ejercían sobre la reproducción de los prejuicios: «reciben [los estereotipos] apoyo social de nuestros medios de comunicación de masas, que los reviven continuamente e insisten sobre ellos» (Allport, 1977: 224), aportando como prueba de ello algunas investigaciones que ya se estaban haciendo en aquella época. El alcance de los medios de comunicación de masas sobre la formación de la opinión, e incluso como fuente de conocimiento, es cada vez mayor. Consideramos prioritario profundizar en los procesos de reproducción de los estereotipos atribuidos a ciertos tipos de inmigrantes en nuestro país, en los que se encuentran inmersos los medios de comunicación como agentes de primer orden, como paso necesario para romper el círculo vicioso de la producción y reproducción de la imagen-realidad.

Notas

Capítulo 1

1 Para una descripción de los tipos y clases migratorias de Petersen consultar la obra de referencia.

2 Nunca se nos ocurriría, por ejemplo, denominar «ilegal» a un ciudadano nacional que se encuentre en una situación legalmente irregular, como pudiera ser haber cometido una infracción de tráfico o no hacer frente a sus obligaciones tributarias. ¿Por qué a los ciudadanos extranjeros se les reserva este apelativo inapropiado, que nunca utilizaríamos entre los «nuestros»? La legalidad o ilegalidad, repetimos, nunca puede describir a una persona como si fuese un atributo esencial de la misma, sino a una situación en la que ésta pueda estar inmersa, pero que siempre es susceptible de ser transitoria.

Capítulo 2

1 Véanse al respecto Castles y Miller (1993), Gungwu (1997), Kristeva (1991), Kritz, Lim y Zlotnik (1992), Salt (1989) o Todorov (1988), entre otros.

2 En torno a las nuevas tendencias migratorias los foros internacionales se hacen eco de los cambios que se están produciendo durante los últimos años, como es el caso de la Conference on International Migration. Challenges for European Populations, celebrada en Bari entre el 25 y 27 de junio de 1998, y en donde se planteó la fuerte diversificación de

los tipos migratorios (en especial el incremento de los *highly skilled migrants)* así como la necesidad de un replanteamiento de las tipologías clásicas al respecto.

Capítulo 3

1 En relación a este hecho puede consultarse el artículo «El inmigrante como sujeto marginado. Claves interpretativas» (Blanco, 1995).

2 Para ampliar la perspectiva de los sistemas migratorios internacionales véase la obra de Kritz, Lim, Zlotnik y otros (1992) en la que, además de los presupuestos teóricos y constataciones empíricas, se hace una descripción de las grandes redes migratorias existentes en el mundo contemporáneo, así como de los lazos que unen a los países de estos sistemas.

3 Véase Arango (1985), AIDELF (1988) o Izquierdo (1996).

Capítulo 4

1 Véase la descripción de E. Kedourie en *Nacionalismo* (1985: 48-51).

2 El original en noruego data de 1969. La edición española a la que nos referiremos es de 1976, Fondo de Cultura Económica, México.

3 Véase el capítulo 3 del libro de A. D. Smith: *Las teorías del nacionalismo* (1976).

4 Es el caso de Julia Kristeva (1991) o Emmanuel Levinas (1991), quienes, de forma más o menos implícita, abogan por la necesidad humana de reconocer al «otro» o al extranjero como parte indispensable del ser. En España cabe mencionar la creciente profusión de obras científicas y manifiestos en torno al problema del racismo y la xenofobia, en igual progresión a la presencia de extranjeros en el país. Es el caso de Javier de Lucas (1992) o de Tomás Calvo Buezas (1989, 1990a y 1990b), entre muchos otros, quienes, además de estudiar el fenómeno del racismo y xenofobia, se inclinan por la necesidad de admitir la diferencia y convivir con ella como rasgo natural y positivo de nuestras sociedades.

5 Para profundizar en los modelos de la asimilación, *melting pot* y pluralismo, véase C. Blanco (1995).

6 El artículo de N. Glazer al que hacemos referencia se publicó en 1977, pero la edición con la que contamos, una recopilación de artículos publicados por el autor entre 1964 y 1982, data de 1983.

7 Véase la introducción de R. G. Parris a la obra colectiva *Vivir entre dos culturas,* publicada por la Unesco (edición española de 1983), en la que se ofrece una breve panorámica de las actividades de este organismo en relación a los problemas de asimilación cultural de los inmigrantes.

8 Citadas en Glazer (1983:105).

9 A. Greeley (1974), M. Novak (1971), W. M. Newman (1973) entre otros.

10 La libre circulación de ciudadanos comunitarios está establecida en el Tratado constituyente de 1957. Desde 1958 se han ido diseñando políticas concretas con el fin de hacer factible este derecho, aplicándolo a los ámbitos de residencia, vivienda, reunificación familiar y acceso al mercado de trabajo en igualdad de condiciones que los ciudadanos nacionales. En España, desde 1992 los ciudadanos comunitarios no requieren de ningún permiso de residencia ni de trabajo para establecerse y trabajar en el país.

11 Para más información sobre las reuniones y acuerdo adoptados, véase Niessen (1996), López Garrido (1991), Varona (1994).

12 Una exposición detallada de las reuniones celebradas a nivel intergubernamental en el período de 1986 hasta 1993, así como de sus resoluciones, recomendaciones y conclusiones, puede verse en Niessen (1996).

13 Sobre las reuniones celebradas, acciones conjuntas, convenciones, resoluciones y recomendaciones, véase la obra citada de Niessen (53-60). Los diferentes Tratados pueden consultarse en las páginas de la UE en Internet (http://europa.eu.int).

14 Diario Oficial C 340 de 10 de noviembre de 1997.

15 COM (1998) 183. Bruselas, 25-03-1998.

Bibliografía

Las referencias presentadas en esta bibliografía incluyen aquellas utilizadas en el texto y otras que, sin haber sido incluidas en él directamente, pueden resultar de interés para profundizar en los temas tratados.

Migraciones: conceptos, repercusiones sociales, tipologías

Bergman, E. (1989): «Social effects of migration in receiving countries», *Migraciones Internacionales*, vol. XXVII, nº 2 (217-224).

Davis, K. (1974): «The migrations of human populations», *Scientific American: The Human Population*.

Dollot, L. (1971): *Las migraciones humanas*, Barcelona, Oikos-tau.

Fairchild, H. P. (1925): *A World movement and its American significance*, Nueva York, Macmillan.

Gale, S. (1973): «Explanation theory and models of migration», *Economic Geography,* 49, 3 (257-274).

George, P. (1970): «Types of migration of the population according to the proffesional and social composition of migrants», en Clifford Jansen (ed.), *Readings in the Sociology of Migration*, Oxford, Pergamon Press (39-47).

Jackson, J. A. (1986): *Migration*, Londres, Longman.

Jansen, C. J. (1970): «Migration: a sociological problem». C. Jansen (ed.): *Readings in the Sociology of Migration*. Oxford, Pergamon Press (3-35).

— (ed.) (1970): *Readings in the Sociology of Migration*, Oxford, Pergamon Press.

Petersen, W. (1958): «A general typology of migration», *American Sociological Review,* 23, 3 (256-266).

Pooley, C. G., y Whyte, I. D. (eds.) (1991): *Migrants, Emigrants and Immigrants.* Londres, Routledge.

Puyol Antolín, R. (1993): «Las migraciones internacionales», en VV.AA., *Los grandes problemas actuales de la población.* Madrid, Ed. Síntesis (109-171).

Migraciones internacionales: tipos, redes y su evolución

ACNUR (1995): *La situación de los refugiados en el mundo. En busca de soluciones,* Madrid, Alianza Editorial.

AIDELF (1988) *Les migrations internationales,* París, INED.

Appleyard, R. (1989) «Migration and development: myth and reality», *International Migration Review,* 23, 3.

Castles, S., y Miller, M. J. (1993): *The age of migration. International population movements in the modern world,* Londres, Macmillan Press.

Gungwu, W. (ed.) (1997): *Global History and migrations.* Oxford, Westview Press.

Kristeva, J. (1991): *Extranjeros para nosotros mismos,* Barcelona, Plaza & Janés.

Kritz, M., L. L. Lim y H. Zlotnik (1992): *International Migration Systems: a global approach,* Oxford, Clarendon Press.

Lieberson, S. (1980): *A piece of the pie: blacks and white immigrants since 1880,* Berkeley, Univ. of California Press.

Loescher, G. (1993): *Beyond charity. International cooperation and the global refugee crisis,* Nueva York, Oxford University Press.

López Garrido, D. (1991): *El derecho de asilo,* Madrid, Trotta.

Macura, M., y D. Coleman (1994): *International migration: regional processes and responses,* Ginebra, Naciones Unidas.

Martin, P., y J. Widgren (1996): *International migration: a global challenge,* Washington, Population Reference Bureau.

Meissner, D., *et al.* (1993): *International Migration Challenges in a New Era,* Nueva York, The Trilateral Commission.

Papademetriu, D. G. (1984): «Las migraciones internacionales en un mundo en evolución». *Revista Internacional de Ciencias Sociales,* vol. XXXVI, n° 3 (431-447).

Rystad, G. (1992): «History and the future of international migration», *International Migration Review,* 26, 4.

Salt, J. (1989) «A comparative overview of international trend and types 1950-80». *International Migration Review,* vol. XXIII, n° 3 (431-456).

Salt, J. (1992) «The future of international labor migration». *International Migration Review,* 26, 4.

Sutcliffe, B. (1998): *Nacido en otra parte,* Bilbao, Hegoa.

Todorov, T. (1988): *Cruce de culturas y mestizaje cultural,* Madrid, Ed. Júcar.

Varona, G. (1994): *La inmigración irregular. Derechos y deberes humanos,* Vitoria-Gasteiz, Ararteko.

Zolberg, A.R. (1989): «The next waves: migration theory for a changing world», *International Migration Review,* vol. 23 (402-430).

Enfoques teóricos y metodológicos sobre las migraciones

Arango, J. (1985): «Las «Leyes de las Migraciones» de E. G. Ravenstein, cien años después», *Revista Española de Investigaciones Sociológicas,* nº 32 (7-269).

Barth, E. A., y D. L. Noel (1972): «Conceptual framework for the analysis of race relations: an evaluation», *Social Forces,* nº 50 (333-348).

Blanco, C. (1995): «El inmigrante como sujeto marginado. Claves interpretativas», en J. P. Alvite (coord.), *Racismo, antirracismo e inmigración,* San Sebastián, Gakoa.

— (1995b) *La integración de los inmigrantes en las sociedades receptoras,* Bilbao, Universidad de Deusto (microficha).

Borjas, G. (1990): *Friends or strangers: the impact of immigrants on the U.S. economy,* Nueva York, Basic Books.

Borrie, W. D. (1959): *The cultural integration of immigrants,* Unesco.

Castles, S., y G. Kosack (1973): *Immigrant workers and class structure in Western Europe,* Londres, Oxford University Press.

Cohen, R. (ed.) (1996): *Theories of Migration,* Cheltenham, Elgar Publications.

Eisenstadt, S. N. (1955): *The absorption of immigrants,* Glencoe, The Free Press.

Findlay, A. (1990): «A migration channels approach to the study of high level manpower movements: a theoretical perspective», *Migraciones Internacionales,* XXVIII, 1 (15-23).

Glazer, N., y D. P. Moynihan (1963): *Beyond the Melting Pot.* Massachussets, The MIT Press.

Izquierdo, A. (1996): *La inmigración inesperada,* Madrid, Trotta.

Kubat, D., y H.-J. Hoffmann-Nowotny (1981): «Migración: hacia un nuevo paradigma», *Revista Internacional de CC. Sociales,* vol. XXXIII, nº 2 (335-360).

Lee, E. S. (1966): «A theory of migration», *Demography,* 3, 1 (47-57).

Massey, D. (1990): «Social structure, households strategies and the cumulative causation of migration», *Population Index,* 56 (3-26).

—, *et al.* (1993): «Theories on international migration: a review and appraisal», *Population and Development Review,* 19, 3 (431-466).

McLellan, J., y A. Richmond (1994): » Multiculturalism in Crisis: a postmodern perspective on Canada» , *Ethnic and Racial Studies,* 17, 4 (662-683).

OCDE (1989): *El futuro de las migraciones*. Madrid, Ministerio de Trabajo y Seguridad Social.

Padilla, A. M. (ed.) (1980): *Acculturation. Theory, models and some new findings*, Washington, AAAS.

Park, R. E. (1928a): «Human migration and the marginal man», *American Journal of Sociology*, vol. 33 (881-893).

— (1928b): «The bases of race prejudice», *Annals of the American Academy of Politics and Social Sciences*, n° 140 (11-20).

— (1950): *Race and culture*, Glencoe, Free Press.

Piore, M. J. (1979): *Birds of Passage: migrant labor in industrial societies*. Cambridge, CUP.

Portes, A. (1978): «Migration and underdevelopment», *Politics and Society*, vol. 8, n° 1 (1-48).

—, y R. L. Bach (1985): *Latin Journey. Cuban and Mexican immigrants in the United States*, Berkeley, University of California Press.

—, y J. Böröcz (1989): «Contemporary immigration: theoretical perspectives on its determinants and modes of incorporation», *International Migration Review*, vol. XXIII, n° 3 (606-630).

—, y J. Walton (1981): *Labor, Class and the International System,* Nueva York, Academic Press.

Ravenstein, E. G. (1885): «The Laws of Migration», *Journal of the Royal Statistical Society*, 48 (167-227).

— (1889): «The Laws of Migration», *Journal of the Royal Statistical Society*, 52 (241-301).

Shannon, L. W. , y M. Shannon (1967): «The assimilation of migrants to cities: anthropological and sociological contributions», en L. F. Schnore y H. Fagin (eds.), *Urban research and policy planning*, California, Sage Publications Inc (49-75).

Simmel, G. (1950): «The stranger», en K. Wolff (ed.), *The sociology of Georg Simmel*, Nueva York, Free Pres.

Stark, O. (1984): «Discontinuity and the theory of international migration», *Kyklos,* 37, 2 (206-222).

Stark, O. (1991): *The migration of labor,* Cambridge, Basil Blackwell.

Todaro, M. P. (1976): *International migration in developing countries*, Chicago, University of Chicago Press.

Wallerstein, I. (1974): *The Modern World System, capitalist agriculture and the origins of the European World Economy in the sixteenth century,* Nueva York, Academic Press.

Zlotnik (1992): «Empirical identification of international migration systems», en Kritz, Lim y Zlotnik (eds.), *International Migration Systems,* Oxford, Clarendom Press.

Zolberg (1989): «The next waves: migration theory for a changing world», *International Migration Review*, vol. 23 (402-430).

Cultura, etnicidad e inmigración

Adams, R. (1983): «Middle American Society», *International Encyclopedia of Social Sciences.*

Alba, R. D. (1990): *Ethnic identity: the transformation of white America,* New Haven, Yale University Press.

Álvarez Dorronsoro, I. (1993): *Diversidad cultural y conflicto nacional,* Madrid, Talasa.

Alvite, P. (coord.) (1995): *Racismo, antirracismo e inmigración,* San Sebastián, Gakoa.

Aranzadi, J. (1981): *Milenarismo vasco,* Madrid, Taurus.

Archdeacon, T. J. (1990): «Melting Pot or Cultural Pluralism. Changing views on American ethnicity», *Revue Européenne des Migrations Internationales,* 6, 1 (12-28).

Barth, F. (comp.) (1976): *Los grupos étnicos y sus fronteras,* México, FCE.

Berghe, P. L. van den (1981): *The ethnic phenomenon,* Nueva York, Elsevier.

Berry, J., y otros (1989): «Acculturation attitudes in plural societies», *Applied Psychology: An International Review,* 38, 2 (185-206).

Berry, J., R. Kalin y D. Taylor (1977): *Multiculturalism and Ethnic Attitudes in Canada,* Otawa, Minister of Supply and Services.

Calvo, T. (1989): *Los racistas son los otros,* Madrid, Ed. Popular.

— (1990a): *¿España racista?,* Barcelona, Anthropos.

— (1990b): *El racismo que viene,* Madrid, Tecnos.

Cicourel, A. (1983): «Vivir entre dos culturas: el universo cotidiano de los trabajadores migrantes»., en VV.AA. *Vivir entre dos culturas,* Barcelona, Serbal-UNESCO (32-92).

Contreras, J. (comp.) (1994): *Los retos de la inmigración, Racismo y pluriculturalidad,* Madrid, Talasa.

Douglass, W. A., y otros (1994): *Migración, etnicidad y etnonacionalismo,* Bilbao, UPV.

Dumont, L. (1986): «Collective identities and universalist ideology: the actual interplay», *Theory, Culture and Society,* 3, 3 (25-33).

Featherstone, M. (ed.) (1990): *Global Culture,* Londres, SAGE.

Finkielkraut, A. (1987): *La derrota del pensamiento,* Barcelona, Anagrama.

Gambino, R. (1975): *Blood of my blood,* Nueva York, Anchor.

Gans, H. (1979): «Symbolic ethnicity: the future of ethnic groups and cultures in America», *Ethnic and Racial Studies,* 2, 1 (1-20).

Glazer, N. (1983): *Ethnic dilemmas 1964-1982,* Cambridge, Harvard University Press.

Greeley, A. M. (1974): *Ethnicity in the United States: a preliminary reconnasaince,* Nueva York, Wiley.

Habermas, J. (1989): *Identidades nacionales y postnacionales*, Madrid, Tecnos.

Herberg, W. (1955): *Protestant-Catholic-Jew,* Nueva York, Doubleday.

Juliani, R. N. (1982): «Ethnicity: myth, social reality and ideology», *Contemporary Sociology,* 11, 4 (368-370).

Kedourie, E. (1985): *Nacionalismo,* Madrid, Centro de Estudios Constitucionales.

Krejci, J. (1978): «Ethnic problems in Europe», en S. Giner y M. Scotford (eds.), *Contemporary Europe,* Londres, Routledge and Kegan Paul (124-171).

Levinas, E. (1991): *Entre nous,* París, Bernard Grasset.

Lucas, J. (1992): *Europa: ¿Convivir con la diferencia?,* Madrid, Tecnos.

— (1994): *El desafío de las fronteras. Derechos humanos y xenofobia frente a una sociedad plural,* Madrid, Temas de Hoy.

Newman, W. (1973): *American Pluralism.* Nueva York, Harper and Row.

Novak, M. (1971): *The rise of unmeltable ethnics,* Nueva York, Macmillan.

Nuhoglu, Y. (1994): *Limits of Citizenship. Migrants and Postnational Membership in Europe,* Chicago, University of Chicago Press.

Olive, L. (comp.) (1993): *Ética y diversidad cultural,* México, FCE.

Parris, R. (1983): «Introducción general», en VV.AA., *Vivir entre dos culturas,* Barcelona, Serbal-Unesco (14-30).

San Román, T. (1996): *Los muros de la separación. Ensayo sobre alterofobia y filantropía,* Madrid, Tecnos.

Schnapper, D. (1991): *La France de l'integration. Sociologie de la nation en 1990,* París, Gallimard.

Schrag, P. (1971): *The decline of the Wasp,* Nueva York, Simon and Schuster.

Smith, A. D. (1976): *Las teorías del nacionalismo,* Barcelona, Península.

Steinberg, S. (1981) *The ethnic myth: race, ethnicity and class in America,* Boston, Beacon Press.

Todd, E. (1996): *El destino de los inmigrantes,* Barcelona, Tusquets.

Todorov, T. (1991): *Nosotros y los otros,* Madrid, Siglo XXI.

—, y otros (1988): *Cruce de culturas y mestizaje cultural,* Madrid, Júcar.

VV.AA. (1997): *El extranjero en la cultura europea de nuestros días,* Bilbao, Universidad de Deusto.

Vecoli, R. J. (1986): «Los italianos en Estados Unidos: una perspectiva comparada», *Estudios migratorios latinoamericanos*, 4 (403-429).

Wieviorka, M. (1992): *El espacio del racismo,* Barcelona, Paidós.

Inmigración en Europa

Arditis, S. (ed.) (1994): *The politics of East-West migration,* Londres, Macmillan Press.

Collinson, S. (1993): *Europe and international migration,* Londres, Pinter Publ.

Council of Europe (1992): *People on the Move. New Migration Flows in Europe,* Strasbourg: Council of Europe Press.

Hamilton, K. A. (ed.) (1994): *Migration and the new Europe,* Washington, The Center for Strategic & International Studies.

King, R. (ed.) (1993): *Mass migration in Europe,* Londres, Belhaven Press.

Niessen, J. (1996): «The European Union's migration and asylum policies», en E. Guild (comp.) *The developing immigration and asylum policies of the European Union,* La Haya, Kluwer Law International (3-63).

Papademetriou, D. (1994): «At a Crossroads: Europe and Migration» , en K. A. Hamilton y R. E. Hunter, *Migration and the New Europe*, Washington, The Center for Strategic and International Studies.

Rasmussen, H. K. (1997): *No Entry. Immigration policy in Europe,* Copenhague, Handelshøjskolens Forlag.

VV.AA. (1992b): *People on the move. New migration flows in Europe,* Estrasburgo, Council of Europe Press.

Zimmermann, K. F. (1995): «Tackling the European migration problem», *The Journal of Economic Perspectives,* 9, 2.

Inmigración en España

Aparicio, R. (dir.): *Identidad y género: mujeres magrebíes en Madrid,* Madrid, Dir. Gral. de la Mujer.

Aragón, R., y J. Chozas (1993): *La regularización de inmigrantes durante 1991-1992,* Madrid, Ministerio de Trabajo y Seguridad Social.

Blanco, C. (1992): *España como país de inmigración. Análisis de una nueva situación,* Madrid, Dirección General de Migraciones (sin publicar).

— (1993): «The new hosts: the case of Spain», *International Migration Review*, vol. 27, nº 1.

Borras, A. (1995): *Diez años de la Ley de Extranjería: balance y perspectivas,* Barcelona, Fundación P. Torras Domenech.

Colectivo IOE (1994) *La inmigración extranjera en España: sus características diferenciales en el contexto europeo,* Madrid, Talasa.

— (1995) *Discursos de los españoles sobre los extranjeros. Paradojas de la alteridad,* Madrid, CIS.

— (1998) «Mujeres inmigrantes en España. Proyectos migratorios y trayectorias de género», *OFRIM/Suplementos* (11-38).

Giménez, C. (coord.) (1993): *Inmigrantes extranjeros en Madird,* Cuadernos técnicos de la Comunidad Autónoma de Madrid.

Gregorio, C. (1998): «Inmigración, identidad de género y choque cultural: el caso de las mujeres dominicanas», *OFRIM/Suplementos.* (161-174).

Izquierdo, A. (1991): *La inmigración en España. 1980-1990,* Madrid, Ministerio Trabajo y Seguridad Social.

— (1996): *La inmigración inesperada.* Madrid, Trotta.

Kaplan, A. (1998): *De Senegambia a Cataluña. Procesos de aculturación e integración social,* Barcelona, La Caixa.

López, B. (1993): *Inmigración magrebí en España. El retorno de los moriscos,* Madrid, MAPFRE.

— (coord.) (1996): *Atlas de la inmigración magrebí en España,* Universidad Autónoma de Madrid.

Martínez Veiga, U. (1997): *La integración social de los inmigrantes extranjeros en España,* Madrid, Trotta.

— (1998): «La competición en el mercado de trabajo entre inmigrantes y nativos», *Migraciones,* 3 (9-30).

Pereda, C., y M. A. Prada (coords.) (1987): «Los inmigrantes en España», *Documentación Social,* nº 66 (monográfico).

Pumares, P. (1996): *La integración de los inmigrantes marroquíes,* Barcelona, La Caixa.

Ramírez, E. (1996): *Inmigrantes en España. Vidas y experiencias.* Madrid, CIS-Siglo XXI.

Ruiz Olabuenaga, J. I. y otros (1999): *Los inmigrantes irregulares en España,* Bilbao, Universidad de Deusto.

Sole, C., y E. Herrera (1991): *Trabajadores extranjeros en Cataluña. ¿Integración o racismo?,* Madrid, CIS.

Sole, C. (1994): *La mujer inmigrante,* Madrid, Instituto de la Mujer.

Tello, A. (1997): *Extraños en el paraíso,* Barcelona, Flor del Viento.

Imaginario colectivo, prejuicios y estereotipos

Allport, F. H. (1977): *La naturaleza del prejuicio,* Buenos Aires, Ed. Universitaria.

Austin, J. L. (1988): *Cómo hacer cosas con palabras: Palabras y acciones,* Barcelona, Paidós.

Bello, G. (1997): *La construcción ética del otro,* Oviedo, Ed. Nobel.

Beltrán, M. (1991): *La realidad social,* Madrid, Tecnos.

Berger, P. L., y T. Luckmann (1995): *La construcción social de la realidad,* Buenos Aires, Amorrortu.

Bourdieu, P. (1988): *Cosas dichas,* Barcelona, Gedisa.

Bourhis, R. Y., y J. P. Leyens (coords.) (1996): *Estereotipos, discriminación y relaciones entre grupos,* Madrid, Mc Graw Hill.

Dijk, T. A. van (1997): *Racismo y análisis crítico de los medios,* Barcelona, Paidós.

Giddens, A., y otros (1990): *La teoría social hoy,* Madrid, Alianza Editorial.

Giner, S. (1996): «Intenciones humanas, estructuras sociales: para una lógica situacional», en A. Pérez-Agote e I. Sánchez de la Yncera (eds.), *Complejidad y teoría social,* Madrid, CIS (309-372).

Goffman, E. (1970): *Estigma: la identidad deteriorada,* Buenos Aires, Amorrortu.

Perceval, J. M. (1995): *Nacionalismos, xenofobia y racismo en la comunicación.* Barcelona, Paidós.

Pérez-Agote, A. (1989): *La sociedad y lo social,* Bilbao, UPV.

Documentación estadística, encuestas e informes institucionales

ASEP (Análisis Sociológicos, Económicos y Políticos) (http://www.asep-sa.com).

CIS (Centro de Investigaciones Sociológicas) (http://www.cis.es)

Actitudes hacia la inmigración (encuesta 1995).

Comisión Interministerial de Extranjería

Anuario Estadístico de Extranjería (varios años).

Consejo de Europa (http://www.book.coe.fr).

Recent demographic developments in Europe, 1998.

Migration et coopération au développement. Études démographiques nº 28, 1994.

DGM (Dirección General de Migraciones).

Anuario de Migraciones. (Varios años). MAS, Madrid.

Eurostat (http://europa.eu.int)

Migration Statistics. (Varios años).

Migration entre les pays du bassin Mediterranéen et l'UE en 1995 (1998).

FNUAP (Fondo de Población de las Naciones Unidas) (http://www.unfpa.org)

Estado de la Población Mundial (varios años). Nueva York.

INE (http://www.ine.es)

Migraciones (anual).

Características de la Población (censos).

Encuesta de Migraciones (anual).

MTAS (Ministerio de Trabajo y Asuntos Sociales) (http://www.mtas.es)

Estadísticas Laborales (Permisos de Trabajo a Extranjeros).

(Anuarios y Boletines).

NIDI (Netherlands Interdisciplinary Demographic Institute) (http://www.nidi.nl).

Bulletin on Population and Society.

SOPEMI (Sistema de Observación Permanente sobre las Migraciones) (http://www.oecd.org).

Trends in International Migration (varios años). OCDE, París.

S.O.S. Racismo.

Informe anual sobre el racismo en el Estado español (varios años). Ed. Icaria, Barcelona.

El libro universitario
Alianza Editorial

Novedades en Ciencias Sociales

manuales

Ferran Brunet
Curso de integración europea

Fruto de una dilatada experiencia docente en economía europea, este *Curso de integración europea* se asienta en cuatro bloques temáticos: fundamentos de la integración económica y del sistema comunitario, políticas básicas, políticas complementarias y perspectivas de la Unión. Una nueva regulación económica se perfila por la combinación del mercado único, la liberalización, la unión monetaria, el fomento de la ocupación, la fusión de empresas y la ampliación al Este. La Unión Europea debe desarrollarse —sostiene Ferran Brunet— a partir de dos principios: la alianza entre el europeísmo y el regionalismo, y el modelo económico-social europeo. Todos los capítulos del *Curso,* que pueden leerse con independencia, tratan extensamente la estructura del sector correspondiente y siguen un desarrollo similar: sinopsis, introducción al tema, secciones, conclusiones, conceptos clave, cuestiones por investigar y bibliografía. El texto se complementa con numerosos cuadros, figuras y mapas.

Ferran Brunet es profesor de Economía Aplicada en la Universidad Autónoma de Barcelona.

Gary King, Robert O. Kehoane, Sidney Verba
El diseño de la investigación social. La inferencia científica en los estudios cualitativos

En un momento en el que el desacuerdo acerca de la idoneidad de los métodos cuantitativos y cualitativos amenaza con socavar la coherencia de las ciencias sociales, Gary King, Robert O. Kehoane y Sidney Verba desarrollan un enfoque único tanto para la inferencia descriptiva como para la causal. Sostienen que es posible elaborar descripciones válidas de los fenómenos sociales (dentro de la tradición cualitativa) y buenas explicaciones causales de los mismos (dentro de la tradición cuantitativa). Por otro lado, abordan las cuestiones que plantea *El diseño de la investigación social:* ¿Qué preguntas se deben hacer? ¿Cómo se pueden evitar los sesgos? ¿Cuántos casos son necesarios y cómo se deben seleccionar? ¿Cuáles son las formas adecuadas de evaluar la incertidumbre de las conclusiones? ¿Cómo se puede identificar el error?

Gary King, Robert O. Kehoane y Sidney Verba son profesores de Ciencia Política de la Universidad de Harvard.

materiales

Roberto L. Blanco Valdés
Introducción a la Constitución de 1978

La Constitución española de 1978 inauguró el periodo de más larga vigencia de un texto democrático en nuestra historia. No obstante, es llamativa la ausencia de obras generales de carácter introductorio sobre la misma. Este libro trata de llenar esa laguna con un texto asequible, al tiempo que riguroso, escrito desde una apuesta militante en favor de la Constitución.

Roberto L. Blanco Valdés es catedrático de Derecho Constitucional en la Universidad de Santiago de Compostela. Del mismo autor, Alianza Editorial ha publicado también: *El valor de la Constitución.*

José M.ª O'Kean

Teoría económica de la función empresarial: el mercado de empresarios

Intuimos la relevancia de los empresarios al estudiar el funcionamiento de la economía, el crecimiento y la decadencia de las naciones; sin embargo, no existe una teoría económica sobre la función empresarial que pueda considerarse comúnmente aceptada ni que abarque por completo la acción de los empresarios. Este trabajo pretende contribuir a paliar esta deficiencia e intenta ofrecer un marco de análisis de la función empresarial. Para ello, considera que esta actividad constituye un factor más de producción, que debe analizarse con el mismo instrumental teórico utilizado al estudiar el resto de los factores, es decir, su oferta y su demanda. Esta sistematización, además de su valor intrínseco, aporta un modelo que se puede aplicar a problemas como el paro, la falta de desarrollo económico o el mercado de capitales.

José M.ª O'Kean es catedrático de Economía en la Universidad Pablo de Olavide de Sevilla y profesor del Instituto de Empresa de Madrid.

ensayo

Eliseo Aja

El Estado autonómico. Federalismo y hechos diferenciales

Si España era, hace veinte años, el Estado más centralista de Europa, hoy es uno de los más descentralizados y cuenta con unas instituciones equivalentes a los federalismos europeos, como el alemán o el austríaco. Sin embargo, el Estado autonómico no está consolidado por lo que el autor denomina «la paradoja de la distancia entre la realidad institucional y el debate político-ideológico». En esta obra ecuánime y rigurosa, Eliseo Aja describe la construcción del Estado autonómico durante estos años, expone sus deficiencias —principalmente, la falta de relaciones intergubernamentales— y propone alternativas para articular la autonomía con mayor solidez y eficacia a partir de los elementos generales y específicos del conjunto de las Comunidades Autónomas.

Eliseo Aja es catedrático de Derecho Constitucional de la Universidad de Barcelona y ha sido director durante diez años del Informe de las Comunidades Autónomas que elabora anualmente el Instituto de Derecho Público de Barcelona.

Geert Hofstede
Culturas y organizaciones. El software mental

Al contrario que las culturas nacionales, las culturas corporativas no se basan en valores compartidos. Tienen su raíz en los valores de los fundadores y líderes importantes, pero esos valores se han convertido en prácticas para todos los demás de la organización. Esto explica lo que de otra manera sería un enigma: cómo pueden funcionar eficazmente las multinacionales en culturas nacionales tan diferentes. Las multinacionales eficientes han creado prácticas que salvan las diferencias de los valores nacionales. De esta manera —sostiene Geert Hofstede— establecen un modo de funcionamiento para el mundo en general: los problemas mundiales requieren una acción concertada y son las prácticas comunes, no los valores comunes, las que resuelven los problemas concretos. Las diferencias de valores deben ser comprendidas; las diferencias de prácticas deben ser resueltas. *Culturas y organizaciones* trata de esos dos pasos.

Geert Hofstede es profesor de Antropología Organizativa y Gestión Internacional en la Universidad de Limburg (Maastricht).

Michael Emerson
El nuevo mapa de Europa

Este libro ofrece un análisis prospectivo sobre la forma que tendrá *El nuevo mapa de Europa* en las primeras décadas del siglo XXI y analiza las fuerzas subyacentes de la integración —Europa como civilización multicultural— y del conflicto —los frecuentes episodios bélicos que han asolado el continente a lo largo de la historia—. Michael Emerson pasa revista a temas estratégicos cruciales, principalmente económicos, institucionales y de seguridad, y sostiene que si bien la Unión Europea ha resuelto el «problema alemán», aún tiene que asegurar el éxito del euro y de sus políticas de seguridad, así como reforzar su dimensión civil.

Michael Emerson ha desempeñado diversos cargos dentro de la Unión Europea y actualmente es profesor en el Centre of Economic Performance de la London School of Economics and Political Science.

Josep Picó
Cultura y modernidad. Seducciones y desengaños de la cultura moderna

Más que el conjunto de valores que todos compartimos en virtud de nuestra condición humana, el término cultura ha pasado a expresar muchas veces todo lo contrario: la afirmación de una identidad nacional, étnica o sexual diferente, hasta el extremo de que, en determinadas circunstancias, puede convertirse en un pretexto para matar, mostrando así las diferentes caras que caracterizan la fragmentación de la modernidad. En *Cultura y modernidad* Josep Picó hace una lectura personal de la génesis y los diferentes significados de la noción de cultura, trazando un recorrido de este concepto y su significado teórico desde la Antigüedad clásica hasta la sociedad moderna.

Josep Picó es catedrático de Sociología en la Universidad de Valencia y Life Member del Clare Hall College de Cambridge. Del mismo autor, Alianza Editorial ha publicado también su compilación *Modernidad y postmodernidad* (LS 52).

Nuevas ediciones:

Rafael Muñoz de Bustillo, Rafael Bonete Perales
Introducción a la Unión Europea. Un análisis desde la economía

Juan Javier Sánchez-Carrión
Manual de análisis estadístico de los datos

Manuel Castells
La era de la información, 3 Fin de milenio